페 인 트

인 테 리 어

Interior Paint de Tanoshimu, Kokochi ii Kurashi
Copyright © 2011 Ayako Ota
Originally published in Japan in 2011 by BNN, Inc,
Korean translation rights arranged through PLS Agency.
Korean edition rights © 2013 by K&PBooks, Korea.

Cover Photographs by Kazunari Hiroi & Mayumi Suzuki

이 책의 한국어판 저작권은 PLS에이전시를 통한 저작권자와의 독점 계약으로 (주)케이앤피북스에 있습니다.
저작권법에 의하여 한국어판의 저작권 보호를 받는 서적이므로 무단 전제나 복제를 금합니다.

나를 닮은
색깔 있는 집 꾸미기

페 인 트
PAINT INTERIOR
인 테 리 어

soran books

CONTENTS

Prologue 마성의 인테리어 테크닉, Paint Your Home!

08　CHAPTER 01　LIFE with COLORS
색깔 있는 삶을 들여놓다

10　SCENE 1　고급스러운 색감이 미묘한 차이를 낳은 서양 주택 스타일
20　SCENE 2　신혼부부의 셀프 페인팅 하우스
30　SCENE 3　좋아하는 색들에 둘러싸인 미니멀한 공간
42　SCENE 4　편안한 색감으로 더욱 아늑해진 빈티지 하우스

50　CHAPTER 02　HINT for PAINTING WALL
벽 외에 한 가지를 더 생각하라

52　HINT 1　거실 인테리어를 위한 몇 가지 힌트
62　HINT 2　주방 인테리어를 위한 몇 가지 힌트
70　HINT 3　침실 인테리어를 위한 몇 가지 힌트
78　HINT 4　현관 인테리어를 위한 몇 가지 힌트
84　HINT 5　욕실 인테리어를 위한 몇 가지 힌트
88　HINT 6　그밖에 공간 인테리어를 위한 몇 가지 힌트

94　PAINT COLUMN　동양의 벽과 서양의 벽
　　　　　　　　　　전셋집 벽, 새로 칠해도 될까?

96　CHAPTER 03　HOW TO COORDINATE COLORS
수천수만 가지 조합 중에 나만의 색 찾아내기

98　LESSON 1　색의 다양한 이미지
114　LESSON 2　눈에 보이는 색
124　LESSON 3　감정을 표현하는 색

130　PAINT COLUMN　벽지에 페인팅하기

132 **CHAPTER 04** INTERIOR PAINT TECHNIC
공구 탓 하지 말고 사용법 제대로 익히기

134 **STEP 1** 색 결정하기
139 **STEP 2** 기초도구 마련하기
142 **STEP 3** 커버링 작업은 이렇게 하자
147 **STEP 4** 드디어 페인트칠 시작!
154 **STEP 5** 관리 및 보수

158 **PAINT COLUMN** 빛과 색 이야기

160 **CHAPTER 05** LET'S ENJOY CUSTOM PAINT
페인트로 즐기는 '개성 톡톡' 홈 데커레이션의 법칙

162 **PART 1** 페인트로 집안 리폼하기
광택 있는 외장용 페인트 활용하기 / 크랙 페인트로 독특한 무늬 즐기기
바르기만 하면 낙서장이 되는 칠판 페인트 / 부식 페인트로 앤티크한 멋 살리기
천연 마감재 오일로 도마 코팅하기 / 밀크 페인트로 빈티지 가구 만들기
반광 페인트로 컬러풀한 도어 대변신! / 우드 스테인으로 아이 의자 꾸미기

180 **PART 2** 표정이 살아있는 벽 만들기
브러시로 칠하기 / 스펀지나 천으로 문지르기
두드리며 무늬 만들기 / 스톤 페인트 칠하기

190 **PAINT COLUMN** 인테리어 페인트 이해하기

194 **CHAPTER 06** PAINT and TOOL CATALOG
정보도 실력, 아는 만큼 누린다!

196 **PAINT** 에디터 추천 '품질 짱, 인기 짱' 페인트들
200 **TOOL** 이럴 때 이런 제품이 좋다!
202 **PAINT STORE GUIDE** 대표 페인트 숍 구경 가기
207 **DIY SHOPPING & INFO** 페인팅 마니아들의 즐겨찾기
212 **PAINTING TERMS** 알아두면 좋은 페인팅 관련 용어

Prologue

마성의 인테리어 테크닉, Paint Your Home!

북유럽이나 밀라노 등 요즘 각광받는 해외 인테리어 사진을 들여다보면 문득 한 가지 사실을 깨닫게 된다. 실내 벽이나 빈 공간을 활용해 의외의 컬러 데커레이션으로 개성을 살린 집이 많다는 점이다. 서로 잘 조화된 벽과 가구 한 점, 그림이나 사진, 혹은 접시 등 그 집에 사는 사람의 라이프스타일이나 취향을 반영한 인테리어는 세상 어디에도 없는 나만의 공간이 된다. 이런 멋진 인테리어를 위해 가장 다루기 쉽고 효과적인 재료가 바로 페인트다. 페인트 하나로 무엇이든 가능해지는, 마술 같은 DIY 인테리어의 세계에 빠져보자.

페인트 인테리어에 관한 오해와 진실

페인트는 인체에 해롭다

 요즘 인테리어 페인트로는 100퍼센트 천연 원료를 사용한 천연 페인트, 높은 기준치로 유해물질 배출을 최대한 차단한 친환경 페인트가 많이 나와 있다. 이런 제품들은 페인트 특유의 냄새도 전혀 없어 쾌적하고 안전하게 사용할 수 있다.

전문 시공이 필요하다

 페인트와 도구 다루는 법만 익히면 초보자도 직접 시공이 가능하다. 벽 칠하기부터 시작해서 복잡한 코너 장식, 다양한 가구 리폼까지 재미를 붙이며 종목을 넓혀가는 (?) 마니아들이 많다.

인테리어 범위가 한정적이다

 천만의 말씀! 페인트 작업을 통해 색과 공간에 대한 감각을 제대로 익히면 집안 전체의 컬러 코디네이션을 고려한 올 수리가 가능하다. 시중엔 페인트 사용자들을 위한 원목 반제품 가구나 인테리어 부자재도 많이 나와 있기 때문에, 점점 DIY 기량이 늘어나면서 '집 꾸미기의 달인'이 되어가는 자신을 볼 수 있을 것이다.

CHAPTER 01

LIFE with COLORS

색깔 있는 삶을 들여놓다

실내 벽 색깔은 집안 분위기를 단숨에 바꾸는 힘이 있다. 색상도 질감도 다양한 인테리어 페인트라면 어떤 마술 같은 변신도 가능하다. 페인트로 자유롭게 꾸며 공간마다 획기적인 변화를 가져온 집들을 구경해보자.

SCENE 1 | 고급스러운 색감이 미묘한 차이를 낳은 서양 주택 스타일
도쿄, 에다 씨네

DINING & KITCHEN

벽을 옅은 크림색으로 칠해 밝고 화사한 느낌이 드는 다이닝 키친.
크림색을 선택한 건 음식이 가장 맛깔스럽게 보이기 때문이라고.
다이닝 키친 전체를 벽 색깔과 잘 어울리는 내추럴한 색감으로 통일했다.

방 성격 따라
벽 색깔도 다르게

현관에 들어서는 순간부터 서양식 주택 분위기가 물씬 풍기는 에다 씨 집. 남편이 살던 시댁 인테리어를 바꾸기로 하면서 아내는 새하얀 벽을 컬러풀하게 칠하고 싶다는 생각이 들었다고 한다. "벽지는 선택할 수 있는 색상이 많지 않아서 망설임 없이 페인트를 선택했어요." 페인트는 같은 화이트 계열이어도 느낌이 다른 여러 종류의 색상이 있어 오히려 선택하는 데 애를 먹을 정도였다고.

　페인트 색상은 각각 방 성격에 어울리는 것으로 정했다. 다이닝 키친은 음식을 맛깔스럽게 보이도록 하는 크림색으로, 오디오 룸은 차분한 다크 브라운으로, 아이 방은 동화 속 나라를 연상시키는 핑크색으로 꾸몄다.

　몇몇 방은 전문 도장 업체에 의뢰했으나 화장실과 서재 등은 남편이 직접 도전했다. 처음에는 공사비용을 아낄 목적이었지만 작업이 생각보다 즐거워서 푹 빠져들었고, 지금은 '아직 남아 있는 흰 벽을 무슨 색으로 칠할까?' 고민 중이라고 한다. 더욱 멋진 모습으로 변해갈 것 같은 집이다.

DINING & KITCHEN
벽은 다이닝 룸과 부엌 모두 크림색으로 칠했지만 부엌 쪽 벽을 조금 더 짙은 색으로 칠해서 안쪽이 넓어 보인다. 원래 짙은 갈색이던 창틀도 벽과 어울리는 색으로 다시 칠했다.

AUDIO ROOM

오디오 룸은 원래 다다미가 깔린 일본식 방이었다. 벽을 차분한 느낌의 다크 브라운색으로 칠해 음악을 들으며 여유로운 시간을 보낼 수 있는 공간으로 바꾸었다.

>

LIVING

거실 벽은 연한 크림색으로 칠해 부드럽고 따뜻한 분위기가 난다. 그리고 거실 옆 오디오 룸의 벽 색깔에 맞춰 다크 브라운 커튼을 달았다.

LIFE with COLORS

SANITARY

1층 화장실 벽은 보르도색으로 칠해 강렬한 인상을 준다.
세면대 하부의 긴 페데스탈 디자인과 어우러져 우아한 분위기를 완성한다.

SANITARY

화장실처럼 물을 사용하는 곳은 아무래도 차가운 느낌을 주기 마련이므로 일부러 따뜻한 색을 썼다. 남편이 직접 페인팅한 곳으로, 독특하게 한 쪽 벽만 칠했다.

KIDS ROOM

딸아이가 핑크색을 가장 좋아해 창틀은 흰색, 벽은 연한 핑크색으로 칠했다. 아이가 자라면서 좋아하는 색이 바뀌면 다시 칠하면 되므로, 어떤 색상이라도 과감하게 선택해보자.

READING ROOM
서재 벽은 산뜻한 연두색을 선택했다. 이곳 역시 남편이 직접 칠한 부분. 페인트 숍에서 색상 선택과 DIY 강의를 들은 후 휴일을 이용해 조금씩 칠했다고 한다.

>

MUD ROOM
마당과 현관을 연결하는 머드 룸(서양에서 흙이 묻은 장화나 우비 등을 벗어두는 공간)에는 집 수리나 보수 등에 사용하는 각종 페인트와 장비를 보관한다. 벽이 더러워져도 다시 쓱쓱 칠하기만 하면 말끔해진다!

ENTRANCE & STAIRS

현관과 계단실에는 공간이 밝아 보이는 크림색을 선택했다. 단, 같은 크림색이라도 농담을 조금씩 달리해 깊이감을 더한 것이 포인트.

>

ENTRANCE CLOSET

신발과 우산, 코트, 유모차 등을 보관하는 수납장이 있는 현관 벽은 스모키 블루 색상으로 칠했다. 집에 들어섰을 때 가장 먼저 접하는 공간이므로 산뜻한 색상이 어울린다.

SCENE 2

신혼부부의 셀프 페인팅 하우스
요코하마, 야마우치 씨네

LIVING

그린 계열 소파와 잘 어울리도록 거실 한쪽 벽을 연분홍 페인트로 칠했다. 무광 페인트로 농담을 달리해 자연스러운 얼룩을 만들어냄으로써 벽에 풍부한 표정을 불어넣었다.

한쪽 벽만
페인팅하기

부드럽고 차분함이 느껴지는 핑크색 벽이 매력적인 집. 야마우치 씨는 마음에 드는 물건 외에는 집안에 두지 않는 심플한 생활을 지향한다. 가구나 소품 하나를 고를 때도 매우 신중하게 선택한다. 꼭 필요한 물건만 놓다 보면 자칫 집안이 썰렁해 보이는 게 단점. 그래서 야마우치 씨는 벽에 페인트칠을 하기로 마음먹었다.

거실의 핑크 벽은 남편과 둘이서 직접 칠했다. 롤러가 아닌 브러시만을 사용해 불규칙적인 무늬를 만들어냄으로써 다양한 느낌이 살아났다.

다른 방들도 전체가 아닌 한쪽 벽만 페인팅하는 '악센트 월 Accent Wall' 기법으로 포인트를 주었다. 현관은 그레이, 침실은 골드, 화장실은 블루 등 색상은 물론 페인팅 기법을 저마다 달리해 단조로움을 피한 것도 이 집만의 포인트.

LIVING & DINING
어스 컬러(earth color, 자연을 연상시키는 색깔로 아이보리, 베이지, 카키, 브라운 등을 포함한다)로 마무리해 편안한 분위기를 냈다. 곳곳에 놓인 동물 모형 아이템이 귀여움을 넘어 철학적인 느낌마저 준다. 유머와 재치가 엿보이는 개성 넘치는 공간 완성.

DINING
다이닝 룸에는 원목 상판에 금속 다리를 단 테이블, 노란색 플라스틱 의자, 푸른색 천 커버를 씌운 의자 등 색상과 재질이 각기 다른 가구를 모아 배치했다. 신기하게도 핑크색 벽이 가구와 잘 어울러진다.

BED ROOM

밤에 대부분의 시간을 보내는 침실 벽은 조명과 잘 어울리는 골드 컬러로 칠했다. 조개껍데기 분말이 섞인 페인트를 칠해 빛을 받으면 반짝반짝 빛난다.

>

BED ROOM

침대 옆에는 보통 스탠드 조명을 두기 마련이지만 야마우치 씨는 펜던트 조명을 낮게 매달아 바닥을 훤히 비추게 했다. 밤이 되면 낮은 곳에서 켜진 불빛이 실크같은 벽으로 번져 로맨틱한 분위기를 자아낸다.

SANITARY

천장을 블루 컬러로 칠한 세면 공간. 천장만 칠한다면 조금 짙은 색을 선택해도 무겁고 답답한 느낌이 나지 않는다. 천장은 당연히 흰색이어야 한다는 고정관념을 버리고 색상을 과감히 선택해 공간에 생기를 불어넣었다.

>

SANITARY

화장실은 야마우치 씨가 유머와 재치를 가장 뽐내고 싶은 공간이었다고 한다. 브러시를 사용해 미묘한 질감 차이를 만든 옅은 블루 컬러의 벽이나 벽에 붙인 나비 스티커 등, 가족뿐 아니라 집을 방문한 손님들까지 즐겁게 하는 센스가 엿보인다.

ENTRANCE

입구도 한 쪽 벽만 그레이 컬러로 칠했다.
낡은 아파트를 구입해 인테리어 공사를 할 때 친구들을 불러 함께 페인트칠을 했다고.
추억이 가득 담긴 만큼 집에 한층 더 애착이 갈 것이다.

ENTRANCE

현관문 바로 옆에 있는 좁은 벽에도 페인트칠을 했다.
회색 벽에 걸린 알록달록한 후크와 가방이 눈에 잘 띈다.

SCENE 3
좋아하는 색들에 둘러싸인 미니멀한 공간
도쿄, O씨네

DINING
한 방의 벽면을 여러 가지 색으로 나누어 칠하는 고난이도 기술을 훌륭하게 소화한 다이닝 룸. 가구와 소품도 벽 색깔에 맞춰 선택해 한층 세련된 느낌을 준다.

벽, 소품을 강조하는 캔버스처럼

O씨 부부는 19세기 중반의 서양식 건축물을 견학하면서 컬러풀한 실내 인테리어에 감동을 받아 언젠가는 좋아하는 색들에 둘러싸여 살고 싶다는 바람이 있었다. 10년 된 아파트를 구입해 인테리어 공사를 새로 하면서 비로소 그 꿈을 이뤘는데, 가장 신경 쓴 부분은 벽에 칠할 페인트였다.

"햇볕이 잘 드는 남향 다이닝 키친과 거실은 차가운 색으로 칠해 산뜻한 분위기를 내고, 그 반대로 햇볕이 잘 들지 않는 북향 침실은 따뜻한 색으로 아늑한 느낌을 살렸어요." 이렇게 말할 만큼 O씨 부인은 색상에 매우 민감하다. 이밖에도 거실과 침실 사이의 통로를 겸한 워크인 클로젯 walk-in closet 에는 기분을 바꿔주는 비타민 컬러를, 세탁 공간에는 활기를 불어넣는 핑크색을 칠해 생활 속에서 다양한 자극을 받을 수 있게 했다.

식기나 소품을 구입할 때도 방 분위기나 벽 색상에 잘 어울리는지를 먼저 생각한다는 O씨 부부는 절제된 인테리어를 실천하는 생활 고수로서, 다양한 색에 둘러싸인 공간을 변화무쌍하게 즐기고 있다.

DINING
입주 전 인테리어 공사를 할 때 마룻바닥도 밝은 색 마감재로 다시 칠했다. 천장 몰딩을 굵직하게 만들어 공간에 악센트를 준 점도 포인트.

KITCHEN

남향 창문을 통해 밝은 햇살이 들어오는 부엌은 시원한 블루 컬러로 통일했다. 환풍기도 같은 색으로 칠한 점에 주목! 보색인 오렌지 컬러 냄비로 포인트를 주었다.

DINING

다이닝 룸도 차가운 색을 통일감 있게 써서 산뜻한 분위기를 냈다. 장식 소품이나 식기 등을 구입할 때는 먼저 벽 색깔과 잘 어울리는지를 고려했다고 한다.

BED ROOM
태양을 연상시키는 오렌지 컬러는 즐겁고 활기찬 느낌을 준다.
해가 들지 않아 서늘한 느낌이 나기 쉬운 북향 침실에 칠해
따뜻하고 아늑한 분위기를 냈다.

LIVING
거실 벽도 다이닝 키친처럼 산뜻한 민트색으로 칠했다. 그밖에 소파와 수납장 같은 가구는 화이트로 통일해 벽 색깔이 한층 도드라진다.

>

CLOSET
거실과 침실을 잇는 워크인 클로젯은 생기 넘치는 비타민 컬러로 칠했다. 연결된 두 개의 방을 각기 다른 색으로 칠해 이동할 때마다 기분전환이 된다.

SANITARY

연한 색으로 칠해 좁은 공간도 답답해 보이지 않는다. 화장실은 핑크색에 가까운 연보라색으로, 세면대 공간은 핑크색으로 칠했다. 색상을 고상한 톤으로 선택해 앉아서도 편안한 느낌을 받을 수 있다. 벽 색깔과 잘 어울리도록 휴지걸이와 수건걸이를 금색 제품으로 교체한 점도 눈에 띈다.

LAUNDRY SPACE

세탁 공간의 경우 정면에 보이는 벽은 진분홍색, 양옆은 연분홍색으로 나누어 칠해 강렬한 인상을 준다. 화사한 공간 덕분에 집안일이 한층 즐거워질 듯하다.

ENTRANCE
현관과 거실을 잇는 복도 벽면은 밝은 레몬 컬러로 칠했다. 안쪽에 살짝 비춰 보이는 거실의 민트색과 비슷한 색감의 그림을 현관에 걸어 세련미를 더했다.

SCENE 4

편안한 색감으로
더욱 아늑해진 빈티지 하우스
요코하마, 나카무라 씨네

LIVING & DINING

북쪽 창문을 통해 은은한 햇빛이 드는 거실. 소파 뒷벽에 페인트를 칠할 때 일부러 자연스러운 얼룩을 만들었다. 햇빛이 반사되는 위치에 따라 벽 분위기가 조금씩 달라지는 것을 느낄 수 있다.

LIVING
거실 벽은 마음을 차분하게 하는 블루 컬러. 석회가루가 들어간 수성 페인트를 브러시 자국이 남도록 칠했다.

색깔에 표정까지 부여하다

벽에 브러시 자국을 불규칙적으로 남기면 입체감이 살아난다. 시시각각 달라지는 빛의 위치에 따라 아름다운 그림자가 생겨 아늑하면서도 색다른 느낌이 난다. 요코하마 쇼난 해안 근처의 조용한 주택가에 자리한 나카무라 씨 집은 방을 오갈 때마다 각기 다른 색으로 칠한 벽을 볼 수 있어 옮겨 다니는 재미가 있다.

초크 분말이 섞인 크리미한 질감의 페인트나 대리석 가루가 섞인 페인트를 사용해 벽의 질감까지 달리한 점이 인상적이다.

빛을 받으면 이런 차이가 한층 도드라진다. 2층 거실은 주변 경치가 잘 보이도록 북향으로 큰 창이 나 있다. 하루 종일 창으로 은은한 햇빛이 들어와 벽에 아름다운 그림자가 생긴다. 그래서 낮과 밤에 서로 다른 두 가지 모습을 볼 수 있다. 온통 하얀 벽으로 둘러싸여 있었다면 결코 경험하지 못할 우아한 공간이 되었다.

LIVING & DINING
블루 컬러로 칠한 벽을 제외한 나머지 벽과 천장은 모두 그레이. 화이트는 무난하지만 추워 보일 수 있으므로 따뜻한 느낌이 나는 그레이를 선택해 아늑한 분위기를 냈다.

JAPANESE ROOM
다다미 일본식 방에는 굵은 모래가 섞여 거친 느낌이 나는 스톤 페인트를 칠했다. 색상은 녹색이 약간 섞인 짙은 그레이. 회반죽을 칠한 것처럼 촉촉한 느낌이 나는 것도 특징이다.

BED ROOM
벽과 천장을 짙게 칠하면 답답해 보인다고 강한 색상을 피하는 경우가 많다. 하지만 이 집은 오히려 짙은 보르도색을 선택해 누웠을 때 아늑한 느낌이 들게 했다.

SANITARY
화장실과 이어진 세면 공간의 분리 벽에 짙은 청색 페인트를 칠해 포인트를 주었다.
욕실 바닥의 타일 색을 먼저 정한 뒤 어울리는 벽 색깔을 고른 것.

ENTRANCE & WORK ROOM
1층 현관과 계단, 그리고 왼편에 있는 작업실의 벽과 천장은 같은 그레이 계열이지만 농담을 조금씩 달리했다. 빛에 반사될 때마다 미묘한 색상 차이를 느낄 수 있을 것이다.

GARAGE
주차장 벽은 남편이 직접 녹색으로 칠했다. 다다미 방에 사용한 것과 같은 스톤 페인트. 초보자도 얼마든지 쉽게 칠할 수 있다.

CHAPTER 02

HINT for PAINTING WALL

벽 외에 한 가지를 더 생각하라

집주인의 감각이나 라이프스타일, 공간에 맞춰 색을 조합하는 것이야말로 인테리어에서 중요한 포인트다. 단순한 월 페인팅에 그치지 말고 가구나 소품의 배치, 벽과 창문의 분할 형태 등을 잘 고려한 집주인표 '플러스 인테어'로 개성을 한껏 발산해보자.

HINT 1 | LIVING

가구에 있는 색상을 선택한다
벽을 무슨 색으로 칠해야 할지 고민이라면 주변에 있는 가구나 소품 색깔 중에서 한 가지를 선택해 칠해보자. 분명 조화를 잘 이룰 것이다. 사진에서는 소파 커버에 있는 밝은 그린 컬러를 선택했다.

거실 인테리어를 위한
몇 가지 힌트

거실은 가족뿐만 아니라 집을 방문한 손님들도 함께 이용하는 공간이므로 누구나 좋아할 수 있는 무난한 색상을 고르는 것이 좋다. 또한 장시간 머물러도 피로를 느끼지 않도록 편안한 분위기를 만드는 것이 중요하다.

선반 뒷벽을 칠해 리드미컬하게
하늘색 벽에 우드 선반을 설치해 어디서도 볼 수 없는 나만의 책장을 완성했다. 책을 너무 빽빽하게 꽂지 않고 여백을 남기면 화사한 벽면이 한층 도드라진다.

다양한 컬러로
퍼즐 같은 느낌을 준다
맞춤제작한 붙박이 수납장의 슬라이딩 도어를 여러 가지 파스텔색으로 칠해 재미를 더했다. 문 위치에 따라 퍼즐 모양이 바뀌는 모던 아트풍의 가구 탄생!

소파 배경과
바닥 컬러를 통일한다

벽과 바닥 색상을 과감하게 통일해 마치 하나로 이어진 듯 연출했다. 블랙 & 화이트의 강렬한 대비가 인상적이다.

짙은 색을 부분적으로
사용해 깊이감을 준다

기둥처럼 분리된 공간의 벽면 일부를 짙게 칠하면 공간이 깊어지는 듯한 착시현상이 일어난다. 나머지 부분을 밝은 색으로 칠하면 더욱 효과적이며, 깊어진 공간은 한층 넓어 보이게 된다.

페인트 종류와 기법을 적극 활용한다
벽면이 마치 구름처럼 부드럽고 포근해 보인다.
벽을 칠할 때 브러시로 얼룩 자국을 남기거나 특수 페인트를 사용하면
자연스러운 무늬를 만들 수 있다.

가구의 강렬한 인상을 순화시킨다

붉은색 캐비닛을 새하얀 벽 앞에 놓으면 지나치게 튀어 역효과를 낼 수 있다. 캐비닛 뒷벽에 블랙 컬러를 칠해보자. 산뜻하면서도 차분한 분위기가 날 것이다.

벽을 캔버스처럼 활용한다

페인팅한 벽을 캔버스 삼아 액자와 갖가지 소품을 배치했다. 잘 꾸미면 작은 공간으로도 강렬한 인상을 줄 수 있다.

자연을 연상시키는 색상을 선택한다

선명한 블루 벽과 짙은 녹색 러그의 조합은 자칫 산만해 보일 수 있으나 바다와 숲 등 자연을 연상시키는 색감을 잘 선택하면 편안한 분위기가 난다.

벽지와 함께 써서 더욱 개성있는 공간으로

이 공간은 원래 새하얀 벽으로만 둘러싸여 있었다. 키친 카운터 아래에 컬러풀한 벽지를 붙이고 왼쪽 벽에 페인트를 칠하자 생동감 있는 공간으로 대변신했다.

HINT 2
DINING & KITCHEN

**한 가지 색을 더해
북유럽 스타일로**

바닥과 벽, 천장 등 공간을 구성하고 있는 요소 대부분이 화이트로 통일된 다이닝 룸. 키친을 구분하는 벽만 연한 민트 컬러로 칠해 북유럽 스타일의 세련된 공간을 완성했다.

주방 인테리어를 위한 몇 가지 힌트

주방은 화이트나 파스텔 톤을 선택하면 무난하고 깔끔한 인상을 줄 수 있다. 그 반면에 오렌지나 레드 같은 강렬한 컬러를 칠하면 건강하고 활기찬 분위기가 나서 식사시간이 한층 즐거워질 것이다.

음식이 맛깔스러워 보이는 색상을 선택한다

레드나 오렌지, 옐로 등 따뜻한 계열의 색상은 식욕을 자극한다.
아래의 집은 벽을 옐로 컬러로 칠하고, 문이나 바닥 몰딩을 깔끔한 화이트로 칠해 요리가 더욱 맛깔스러워 보이도록 했다.

생각지 못한 색상 조합으로 유머러스하게

밝은 원목과 모노톤으로 통일된 다이닝 키친의 한쪽 벽을 블루 컬러로 칠했다. 생각지 못한 색상 조합이 공간에 재미와 활기를 불어넣는다.

66 HINT for PAINTING WALL

선명한 레드 컬러로 포인트 주기

벽면이 아닌 천장을. 그것도 키친 카운터 위의 천장만 선명한 레드 컬러로 칠했다. 다이닝 룸에 놓은 의자 커버 색상과도 잘 어울려 집안에 활기를 불어넣는다.

>

부엌에 아늑함을 선사하다

주방에는 스테인리스로 된 조리대와 쿠킹 후드 등 메탈 컬러가 많다. 사진에 나온 집은 수납장에 나무 문을 달고 벽면은 짙은 청색으로 칠해 아늑한 분위기를 풍긴다.

벽면과 수납장 안쪽 벽을 다른 색으로

부엌을 구분하는 벽은 보라색으로, 오픈된 선반 안쪽 면은 밝은 크림색으로 칠해 세련된 분위기를 연출했다.

답답해 보이는 식탁 옆벽을 화사하게

식탁 옆에 벽이 있으면 답답해 보이기 쉽다. 식욕을 자극하는 오렌지색 페인트를 얼룩덜룩하게 칠해 답답함을 어느 정도 해소했다.

페인팅한 벽에 포인트 스티커 더하기

올리브색 페인트를 칠해 싱싱한 분위기가 나는 부엌 코너에 꽃무늬 월 스티커를 붙여 포인트를 주었다.

HINT 3 | BED ROOM

그림 한 점으로도 충분하다

머리맡에 건 그림과 완벽한 조화를 이루도록 벽을 블루 톤으로 칠했다.
벽과 그림이 통일된 느낌을 주어 차분하고 고급스러운 분위기가 난다.

침실 인테리어를 위한 몇 가지 힌트

침실은 개인을 위한 공간이므로 자신이 좋아하는 색상을 과감하게 선택해 보자. 편안하게 잠들 수 있도록 어스 컬러나 다크 컬러를 선택하는 것도 방법.

서로 다른 색을 조합해 무늬를 만든다

단순히 페인트를 칠하는 것이 아니라 마치 그림을 그리듯 벽에 자연스러운 무늬를 만들었다. 연보라와 옐로 컬러로 이루어진 곡선이 부드럽고 편안한 분위기를 자아낸다.

침대 옆을 로맨틱하게 꾸민다

대들보나 기둥을 피해가며 침실의 한쪽 벽을 로맨틱한 핑크색으로 칠했다. 침대에 누웠을 때 창가 주변이 정돈돼 보이기 때문에 화사하면서도 편안한 분위기를 느낄 수 있다.

다크 컬러로 차분하게

벽을 블랙에 가까운 다크 그레이로 칠했다. 지나치게 어두워 보일 수 있는 색상도 이처럼 부분적으로 사용하면 효과적이다. 침구 세트를 흰색으로 통일해 벽과 색상 대비를 이루었다.

짙은 색상으로 안정감 있게

안정감 있는 어두운 보라색을 칠해 로맨틱하면서도 강렬한 인상을 풍긴다. 침구도 같은 보라색 계열을 선택해서 세련미를 강조했다.

페인트와 조명의 세련된 조화

침대 헤드 위를 옅은 블루 컬러로 칠했다. 이것만으로도 마치 한 폭의 그림 같은 인테리어가 완성되지만, 날개 달린 조명을 더하니 한결 더 세련돼 보인다.

자작 캐노피로 더욱 아늑하게

벽을 산뜻한 하늘색으로 칠하고 침대 양 옆으로 커튼 봉을 달아 직접 만든 캐노피 커튼을 걸었다. 평범했던 공간이 아늑한 침실로 변신!

HINT 4 | ENTRANCE

드라마틱한 분위기를 연출한다

현관문에서부터 이어지는 좁고 긴 통로를 펄감이 있는 어두운 색으로 칠해 마치 동굴에 들어온 듯한 느낌을 준다. 조명과 소품을 이용해 시각적으로 강렬한 인상을 풍기는 연출도 돋보인다.

현관 인테리어를 위한 몇 가지 힌트

집의 첫인상을 결정짓는 곳이 바로 현관이다.
자연 소재를 바탕으로 자신의 개성을 표현해보자.

창문 없는 공간 밝게 만들기

창을 낼 만한 공간이 없어 어두워 보이기 쉬운 현관과 계단 옆 벽을 가족이 좋아하는 푸른색과 오렌지색으로 칠하자 순식간에 밝고 화사한 공간으로 바뀌었다.

인상적인 투톤 라인

현관 벽에 핑크와 자주색 투톤 라인을 둘러 집 안쪽으로 자연스럽게 안내한다. 집에 온 손님에게 개성있으면서도 강렬한 인상을 남길 수 있는 아이디어다.

현관엔 마음이 편해지는 푸른색을

현관에서 복도까지 이어지는 벽을 푸른색으로 칠했다. 햇살이 비추는 계단 옆 벽은 연한 오렌지 컬러로 칠해 변화를 주었다. 벽에 건 액자도 벽 색상에 맞춰 푸른색이 들어간 작품을 선택했다.

HINT 5
SANITARY

차가운 인상 지우기

춥고 차가운 인상을 주지 않도록 난색(暖色, 따뜻한 색)과 한색(寒色, 차가운 색) 어디에도 속하지 않는 연보라색을 선택했다. 이런 색을 선택하면 여름에는 시원해 보이고, 겨울에는 따뜻해 보이는 두 가지 효과를 볼 수 있다.

욕실 인테리어를 위한 몇 가지 힌트

욕실이나 화장실은 다른 방들에 비해 공간이 좁기 때문에 페인트 인테리어로 훨씬 큰 효과를 볼 수 있다. 넓은 면적에는 선뜻 사용하지 못했던 과감한 색상과 질감을 시험해볼 수 있는 좋은 기회이기도 하다.

다크 컬러의 특성을 강조

화장실 벽을 과감하게 다크 브라운 컬러로 칠했다. 답답해 보이기 쉬운 색이지만 거울을 이용해 공간을 두 배로 넓어 보이게 한 것이 포인트. 마치 호텔 욕실에 와 있는 듯한 착각이 든다.

미닫이문에 특수페인트 칠하기

새하얀 욕실의 미닫이문에 주목하자. 녹슨 느낌이 나는 특수 페인트를 칠해 중후한 분위기의 금속 문처럼 보이게 했다. 디자인이 독특한 손잡이도 인상적이다.

짙은 컬러로 악센트 월 기법을

벽을 짙게 칠하면 좁은 느낌이 강조되는 경우가 많다. 하지만 사진처럼 정면에 보이는 한쪽 벽만 짙게 칠하면 포인트가 되면서도 답답한 느낌이 나지 않는다.

>

소품과 콤비를 이룬다

정면에 보이는 그린 컬러의 벽과 오른쪽에 걸린 오렌지색 수건, 왼쪽 벽에 걸린 그린 & 블랙 패턴의 패브릭 액자, 컬러풀한 슬리퍼까지, 작은 공간 안에서 다양한 소품이 조화를 이루고 있다.

HINT 6
OTHER SPACES

**파스텔컬러로
동화 속 분위기를 표현한다**

두 아이가 사용하는 방을 산뜻한 파스텔컬러로 칠해 밝고 화사하게 표현했다. 곳곳에 월 스티커를 붙여 동화 속 나라 같은 분위기가 난다.

그밖에 공간 인테리어를 위한
몇 가지 힌트

일단 페인트의 매력에 빠지고 나면 아이 방이나 수납공간 등 좁은 공간에도 자신만의 개성을 표현하고 싶어질 것이다. 가구에 화사한 컬러를 칠해 돋보이게 하거나 그 반대로 방안 분위기에 잘 어울리도록 바꿔줄 수도 있다.

색상은 달라도 톤을 일정하게
코너에 설치한 수납장을 모두 다른 색으로 칠했다. 색상은 다르지만 매트한 질감과 톤을 통일시켜 산만한 느낌이 들지 않는다.

벽과 가구 색상 통일하기
방과 방 사이에 칸막이를 치는 대신 수납 가구를 벽과 비슷한 블루 컬러로 칠해 배치했다. 벽과 같은 계열 색으로 통일해 집안 분위기와 자연스럽게 어울리고 답답한 느낌도 들지 않는다.

식료품 저장실에는 활기찬 색상을

식료품 등을 보관해두는 팬트리Pantry 공간을 '모로코 레드'라고 부르는 색으로 칠했다. 부엌 주변은 이렇게 선명하고 활기찬 색이 잘 어울린다.

문을 여닫는 재미가 있다!

문을 열면 화사한 컬러가 나타나는 반전이 있는 캐비닛. 문을 닫으면 평범한 흰색 가구로 돌아가므로 안쪽을 아무리 강렬한 색으로 칠해도 부담스럽지 않다.

방문마다 색깔을 달리해 경쾌한 분위기로

나란히 서 있는 세 개의 문을 레드, 블루, 그린으로 각기 다르게 칠했다. 색상은 다르지만 모두 어두운 톤으로 통일시킨 덕분에 산만한 느낌은 들지 않는다.

PAINT COLUMN

동양의 벽과 서양의 벽

해외 인테리어 잡지를 보면 색채의 다양함에 놀라게 된다. 색색의 페인트로 칠한 벽에 그림이나 사진을 걸어 장식하는 것도 중요한 포인트. 흔히 유럽과 미국의 인테리어는 '더하는 미학'을 추구하고, 우리나라를 비롯한 동양의 인테리어는 '빼는 미학'을 추구한다고 한다. 동양 전통 건축물의 특징은 불필요한 장식을 생략해 아름다운 공간을 완성시키는 것이다. 이와 반대로, 서양인의 관점에서 보자면 아무것도 없는 흰 벽이란 그저 썰렁할 뿐이다.

유럽과 미국에서는 중고 주택을 구입해 직접 페인트칠을 하고 수선해 주택의 자산 가치를 높이는 문화가 정착돼 있다. 최근 한국에서도 인테리어에서 큰 비중을 차지하는 '벽'의 존재가 주목을 받기 시작했다. 더불어 인테리어 공사로 실내 디자인을 향상시켜 새로운 가치를 창출하려는 사람들이 빠르게 늘어나고 있다.

한 장의 그림 같은 해외 인테리어 사진. 서양에서는 벽뿐만 아니라 천장까지 페인트로 칠하는 경우가 흔하다.

칸막이벽에도 다른 벽과 잘 어울리는 색을 칠했다. 바닥과 벽, 가구의 색상을 효과적으로 조합해 세련된 분위기를 완성했다.

전셋집 벽, 새로 칠해도 될까?

자기 집에 사는 사람은 마음대로 벽에 구멍을 뚫거나 색을 칠할 수 있다. 그러나 전세나 월세 등 임대 주택에 살고 있을 경우에는 아무래도 여러 가지 제약이 따른다. 우선 임대계약상 '이사를 가기 전에 집을 입주 전과 같은 상태로 복구시켜야 하는' 경우가 대부분이다. 즉, 벽을 갖가지 색으로 칠하고 살았을 경우 이사 가기 전에 원래 색으로 다시 칠해야만 한다.

하지만 개개인의 개성 표현이 중요해진 요즘은 집주인으로부터 미리 허락을 얻어 자유롭게 인테리어를 바꾸고 사는 사람들이 늘고 있다. 임대 주택 또는 임대 아파트라고 해서 처음부터 포기하지 말고 계약 전에 집주인과 먼저 상의를 해보는 것이 좋다.

페인트 인테리어는 내 집이 아닌 임대 주택의 분위기를 가장 쉽고 빠르게, 합리적인 가격으로 바꿀 수 있는 방법이다. 이제부터는 집을 구할 때 '당당하게 페인트 인테리어 할 수 있는 곳'을 찾아보자.

CHAPTER 03

HOW TO COORDINATE COLORS

수천수만 가지 조합 중에 | 나만의 색 찾아내기

보기만 해도 기분이 좋아지는 색이 있다. 나는 어떤 색에 둘러싸여 있을 때 기분이 좋아지는가 생각해보자. 컬러에 대한 기본 이해부터 페인트 색상 구경하기, 나만의 색깔로 조색하는 방법에 이르기까지, 페인트 인테리어에 도움 되는 컬러 코디네이션 풀 가이드.

LESSON 1

색의 다양한 이미지

색이란 무엇인가?

밝은 색, 어두운 색, 선명한 색, 흐린 색. 사람은 이처럼 색을 보면서 순식간에 그 차이를 느낀다. 그리고 그 색으로 인해 안정을 찾거나 스트레스를 받는 등 감정의 동요를 일으키기도 하고, 다양한 이미지를 떠올리기도 한다.

사람이 색을 보고 심리효과를 일으키는 대표적인 예가 난색(暖色, 따뜻한 색)과 한색(寒色, 차가운 색)이다. 난색을 대표하는 빨간색은 따뜻하게, 한색을 대표하는 파란색은 차갑게 느낀다. 이 두 가지 색을 볼 때 느끼는 심리적인 온도 차이는 3℃ 정도라고 한다.

보통 인테리어에는 자기가 좋아하는 색을 사용하지만 색상의 심리효과까지 고려한다면 더욱 즐겁고 풍요로운 일상을 누릴 수 있다. 색의 이미지를 적절하게 활용해 기분 좋은 공간을 만들어보자.

색 배열에도 법칙이 있다

3원색, 즉 빨강, 노랑, 파랑으로 모든 색을 만들 수 있다. 빨강과 노랑을 섞으면 주황색, 노랑과 파랑을 섞으면 초록색이 되는 것처럼 세 가지 색을 다양한 비율로 섞으면 여러 가지 색이 나온다. 이러한 색의 변화를 단계적으로 나타낸 것을 '색상환'이라고 하며 오른쪽에 그 표가 나와 있다.

난색의 특징

태양이나 불꽃을 떠오르게 하는 색이다. 빨간색은 강렬할 정도로 뜨겁게 느껴지며, 밝은 주황색이나 노란색은 부드러움이 느껴진다. 이 색들을 보면 즐거운 기분이 들어 '흥분색'이라고도 한다. 그러나 석양이 잘 드는 방에 난색을 많이 사용하면 오히려 덥고 울적한 기분이 들 수 있으니 주의하자.

한색의 특징

물이나 얼음, 눈을 떠오르게 하는 색이다. 실제 온도는 같더라도 난색이 많은 공간과 한색이 많은 공간에서 느껴지는 체감온도에는 차이가 있다. 청록색은 서늘한 느낌이 들고 청자색(청색과 보라색의 중간색)은 차분한 분위기가 난다. 이런 색을 '진정색'이라고도 부르며, 마음을 가라앉히는 효과가 있다.

중성색의 특징

중성색은 따뜻하거나 서늘하다고 말하기 애매한 녹색이나 보라색을 가리킨다. 한색과 함께 사용하면 차갑게 느껴지고, 난색과 함께 사용하면 따뜻하게 느껴지기 때문이다. 흰색과 검은색 같은 무채색도 난색과 한색 모두에 속하지 않으므로 중성색에 포함시키는 경우가 있다.

24색상환표

프리즘이나 무지개에서 볼 수 있는 것처럼 빨강부터 보라까지 순서대로 둥글게 늘어놓고 그 사이사이에 색의 변화 과정을 그려낸 표를 '색상환표'라고 한다. 다양한 종류가 있는데 여기서는 24색 표를 가지고 공부해보자.

  표를 한 번 보자. 적자색부터 노란색까지는 난색이다. 그 반대쪽에 있는, 파란색을 중심으로 한 부분이 한색에 해당한다. 둘 사이에 걸쳐 있는 녹색이나 보라색 계열은 양쪽 요소를 모두 지니고 있어 중성색이라고 한다.

COLOR IMAGE
WHITE & YELLOW
흰색과 노란색

베이스 컬러로
가장 잘 어울린다

흰색은 깔끔한 인상을 주며 한국인이 가장 선호하는 색 중에 하나다. 쾌활한 이미지를 풍기는 노란색도 많은 사람이 선호해 다양한 장소에 쓰고 있다. 흰색과 노란색은 방을 넓어 보이게 하는 효과가 있어, 기본적으로 벽이나 천장에 많이 쓴다.

흰색의 이미지

| 깔끔하다 | 순수하다 | 고결하다 |
| 밝다 | 차갑다 | 고독하다 |

노란색의 이미지

| 활동적 | 밝고 쾌활함 | 지성적 |
| 희망 | 경고 | 위험 |

HOW TO COORDINATE COLORS

흰색과 연노랑색이 어우러지면서 주변 색을 흡수하고
인테리어에 자연스럽게 녹아드는 효과를 가져왔다.

COLOR IMAGE

ORANGE & BROWN

주황색과 갈색

커뮤니케이션을 활발하게 해준다

주황색은 채소나 감귤류에서 흔히 볼 수 있으며, 결실이나 수확을 상징하는 가을색이기도 하다. 갈색은 주황색에 어두운 색을 더해서 만든다. 두 가지 색상 모두 안심, 건강, 온화함, 쾌활함, 풍요로움과 같은 이미지를 떠올리게 한다.

같은 주황색이라 해도 빨간색에 가까운 주황은 자칫 산만한 느낌을 줄 수 있으며, 햇빛이 들어오는 방에 사용하면 눈부시다는 느낌을 받는다. 이런 색은 넓은 면적보다는, 포인트를 주려는 부분에만 사용하는 것이 좋다.

주황색의 이미지

| 건강하다 | 쾌활하다 | 밝다 |
| 맛있다 | 저녁노을 | 제멋대로 |

갈색의 이미지

| 자연 | 편안함 | 중후함 |
| 따뜻함 | 가정적 | 대중적 |

주황색 벽에 갈색 가구를 더해
밝고 즐거운 분위기를 이끌어냈다.

COLOR IMAGE
RED & PINK
빨간색과 분홍색

밝음 · 따뜻함 · 자극을 준다

같은 빨간색이라 해도 이글이글 타오르는 해를 연상시킬 만큼 강렬한 빨간색과 주황색이 섞인 빨강, 흰색이 첨가된 분홍, 보라색이 섞인 와인레드 등 다양한 색이 존재하며 저마다 다른 이미지를 떠올리게 한다.

빨간색은 또한 활발한 대화를 유도하는 색이기도 해서 거실이나 다이닝 룸에 잘 어울린다. 단, 조용히 앉아 집중하고 싶은 공부방에는 되도록 사용하지 않는 것이 좋다.

빨간색의 이미지

정열	사랑	활동적
따뜻함	고집이 세다	긴장

분홍색의 이미지

로맨틱하다	봄	사랑스러움
여성적	달콤하다	불안정하다

흰색에 가까운 연분홍색은 빨간색처럼 자극적이지 않으며
오히려 편안하고 사랑스러운 느낌을 준다.

COLOR IMAGE
GREEN
녹색

안정감 있고 널리 사랑받는 자연색

어린잎처럼 노란색이 많이 섞인 산뜻한 녹색과 올리브 열매처럼 세련된 녹색, 그리고 울창하게 우거진 숲처럼 짙은 녹색 등……. 같은 녹색이라도 다양한 색이 존재하며, 모두 식물이나 자연을 떠올리게 한다. 녹색이 주는 신선하고 내추럴한 분위기는 휴식 공간에 잘 어울린다.

마음을 차분히 가라앉히고 긴장을 풀어주는 색이므로 침실이나 거실에도 어울린다. 그러나 색 배합에 따라 진정효과가 너무 강해져서 오히려 우울함이 느껴질 수도 있으니 주의하자. 실내에서는 난색과 함께 사용하는 것이 좋다.

녹색의 이미지

평안함	평정	휴식
조화	건강	수동적

농담을 달리한 초록색에 주황색을 조화시킨 예. 중성색인 녹색은 어떤 색과 만나도 부딪히지 않으며 서로의 장점을 더욱 부각해 편히 쉴 수 있는 분위기를 조성한다.

COLOR IMAGE
BLUE
파란색

**집중력을 높이고
진정효과가 있다**

파란색은 하늘의 색이며 바다의 색이고 또 지구의 색이다. 지성적이고 상쾌한 이미지가 있어 파란색을 싫어하는 사람은 없다고 할 만큼 전 세계적으로 매우 인기 있는 색상이다.
부엌이나 화장실 등 물을 사용하는 공간에 칠하면 쾌적함을 느낄 수 있고, 거실이나 침실에 사용하면 마음을 차분하게 가라앉히는 효과가 있다. 단, 빛이 많이 들어오지 않는 방에 사용하면 추운 느낌이 들 수 있다.

파란색의 이미지

하늘	바다	남성적
상쾌함	평온함	차가움

HOW TO COORDINATE COLORS

벽뿐만 아니라 커튼이나 가구에도 모두 파란색을 사용한 인테리어. 상쾌하지만 조금 썰렁한 느낌이 든다.

COLOR IMAGE
PURPLE
보라색

감성과 직관을 자극한다

국가를 불문하고 어디서나 고귀한 색으로 여겨지는 보라색은 권력, 우아함, 기품을 상징하며, 신비로운 분위기를 내는 개성적인 색이다. 녹색과 같은 중성색이지만 어울리는 색은 많지 않다. 코디하기 까다롭지만 성공할 경우 강한 인상을 심어줄 수 있다. 짙은 보라색은 화려함이 지나쳐 부분적으로만 사용하는 것이 좋다. 농담을 단계적으로 높이거나 낮춰서 그러데이션 연출을 하면 우아한 분위기를 낼 수 있다.

보라색의 이미지

| 고귀 | 신비로움 | 화려함 |
| 치유 | 고급스러움 | 불안함 |

HOW TO COORDINATE COLORS

향기로운 와인처럼 짙은 보라색을 검은색과 함께 써서
어른스러운 우아함과 고급스러움을 표현했다.

LESSON 2

[눈에 보이는 색

배색하는 요령

페인트를 고를 때 그저 원하는 색만 몇 가지 비교해서는 곤란하다. 좀 더 넓은 안목으로 바닥과 벽, 천장, 그리고 커튼이나 소품 등 실내에 있는 모든 색을 고려해 전체적인 배색 계획을 짜야 한다. 특히 밝고 화려한 색을 사용하고 싶을 때는 꼼꼼하게 계산할 필요가 있다.

가장 빠른 방법은 인테리어에 꼭 사용하고 싶은 색을 한 가지 정한 다음 그 색과 잘 어울리는 색을 골라서 나란히 놓아보는 것이다. 빨간색과 주황색, 노란색과 황록색처럼 색상환표에서 이웃한 두 가지 색을 함께 배치하면 실패 확률이 낮다. 어느 한 쪽을 베이스 컬러로 삼고 이웃한 색과의 미묘한 차이를 잘 살리는 것이 요령이다.

좀 더 인상적인 배색을 하고 싶다면, 색상환표에서 서로 반대쪽에 있는 보색 관계의 색을 함께 사용해보자. 강렬한 색상 대조를 이용해 인테리어의 강약을 조절할 수 있다.

그러나, 무엇보다 간단한 방법은 한 가지 색을 농담만 달리해 그러데이션 연출을 하는 것이다. 즉, 공간을 모두 같은 계열 색상으로 통일한다. 간편하지만 단조롭고 지루한 감이 있으므로 질감을 달리하는 등 변화를 주는 게 좋다.

동계색 同系色

색의 선명한 정도를 채도, 색의 밝고 어두운 정도를 명도라고 하며, 채도와 명도를 아울러 색조(톤)라고 한다. 동계색은 한 가지 색이지만 색조가 다른 색들로 이루어진 그룹을 말한다. 동계색끼리 조합하면 새로운 색이 첨가되지 않으므로 조화를 이루기 쉬우며 클래식한 분위기가 난다.

유사색 類似色

동계색과 혼동하는 경우가 많지만, 엄밀히 말하면 유사색이란 색상환표에서 이웃하는 색을 말한다. 주황색은 양쪽에 있는 빨간색과 노란색이, 보라색은 적자색과 청자색이 유사색이며, 다른 말로 근사색近似色이라고도 한다.

반대색 反對色

보색이라고 하면 더 이해하기 쉬울 것이다. 색상환표에서 서로 마주보는, 즉 반대편에 있는 두 가지 색을 가리킨다. 서로를 부각시키며 극명한 대비를 이루어 변화와 강약을 조절할 수 있는 조합이다. 완전히 정반대가 아니라 반대에 가까운 위치에 있는 색도 보색으로 본다.

톤에 따라 색의 이미지도 변한다

색이 밝고 선명하게 보이거나 어둡고 탁해 보이는 것은 주로 명도와 채도, 즉 색조(톤)와 관계가 있다. 페인트 색상을 고르다 보면 다크 톤, 펄 톤, 비비드 톤 같은 말을 자주 접하게 되는데, 모두 색조의 밝고 어두운 정도를 가리키는 말이다.

아래에 있는 표는 색상환표에 색조의 변화를 더해 나타낸 것이다. 원 안쪽으로 갈수록 명도와 채도가 낮다. 색조에 따라 색이 어떻게 달라지는지 살펴보자.

명도와 채도 조견표

FLOOR COLORS
바닥재를 고려한 색 고르기

인테리어 색 배합을 계획할 때 가장 어려운 단계가 바로 바닥재 색깔을 정하는 것이다. 가구나 커튼은 나중에 다른 색으로 바꿀 수 있고 벽이나 천장, 문이나 창문 등도 비교적 쉽게 다른 색으로 칠할 수 있다. 하지만 바닥은 교체하거나 새로 칠하기가 어려워 한 번 색을 바꾸려면 공사가 커질 수밖에 없다. 요즘은 가정에서 원목마루나 그 느낌을 살린 바닥재를 쓰는 경우가 대부분인데, 어떻게든 바닥 이미지를 바꾸고 싶다면 대형 러그를 깔아 감추는 수밖에 없다. 그것이 어렵다면 처음부터 바닥 색깔에 맞춰 전체적인 색채 계획을 세우는 방법도 고려해볼 만하다. 아래에 마룻바닥의 대표적인 색상 네 가지와 그에 어울리는 인테리어 색상군을 표시해보았다. 실제로 집을 개조할 때도 이런 컬러 시뮬레이션 과정을 거치면 실패가 적을 것이다.

대표적인 마루 색상과 추천 컬러

라이트 브라운

 자작나무나 단풍나무처럼 밝은 나무색은 어떤 색과도 비교적 잘 어울린다. 추천 컬러는 북유럽풍의 산뜻한 색상.

브라운

 마룻바닥에 가장 많이 쓰는 색으로 소나무나 떡갈나무 등으로 만든다. 가장 자연스러운 갈색이므로 내추럴한 녹색이나 난색과 잘 어울린다.

체리

 한때 아파트 기본 내장재로 인기가 높았던 체리목. 체리나무처럼 붉은 기가 도는 나무색은 시간이 지날수록 색이 점점 짙어진다. 난색이나 아이보리 등을 함께 사용해 인테리어에 따사로운 기운을 불어넣자.

다크 브라운

 호두나무나 계시목(鷄翅木, Wenge) 등 어두운 나무색을 바닥에 사용했다면 인테리어에 다른 짙은 색을 함께 사용해보자. 세련되면서도 중후한 분위기를 낼 수 있다.

FURNITURE COLORS
가구를 고려한 색 고르기

인테리어 색 배합을 계획할 때는 보통 중심이 되는 베이스 컬러를 70~80퍼센트, 악센트 컬러를 20~30퍼센트 비율로 사용하는 것이 좋다고 한다.
악센트 컬러는 반드시 한 가지 색일 필요는 없지만, 지나치게 다양한 색을 사용하는 것도 산만한 인상을 줄 수 있기 때문에 바람직하지 않다. 한 방에서 눈에 띄는 색이 세 가지, 혹은 네 가지를 넘지 않도록 조절하면 균형을 잡기 쉽다.
벽을 무슨 색으로 칠해야 할지 고민이라면 방 안에 있는 가구와 같은 색으로 칠해보자. 특별한 개성은 없어도 통일된 느낌을 줄 수 있다. 가구뿐 아니라 커튼, 소품, 벽에 걸 액자도 주변 색과 같은 것으로 맞추면 재미있을 것이다.

베이스 컬러
바닥, 벽, 천장, 커튼 등 실내에서 많은 면적을 차지하는 부분에 사용해 방의 배경이 되는 색을 말한다. 실내 전체 분위기를 좌우하므로 흰색이나 오프화이트(off white, 흰색을 많이 섞어서 거의 흰색에 가까운 색), 나무색 같은 튀지 않는 내추럴 컬러를 쓰는 경우가 많다.

악센트 컬러
좁은 면적에 써도 강한 인상을 주어 말 그대로 공간의 악센트가 되는 색을 말한다. 패션을 예로 들자면 스카프나 가방, 구두가 악센트 요소에 해당한다. 베이스 컬러를 돋보이게 하면서도 톡 쏘는 매력이 있는 색을 고르되, 반드시 한 가지 색일 필요는 없다. 전체적인 균형을 고려하며 색을 한 가지씩 추가해보자.

오프화이트로 통일한 베이식 스타일의 공간에서
쿠션과 수납공간에 사용한 파란색 악센트 컬러가 눈에 띈다.

COLOR EFFECTS
색의 심리효과

검은색 옷을 입으면 다른 색 옷을 입었을 때보다 날씬해 보인다. 이것도 색이 미치는 심리효과의 하나다. 흰색에 가까운 밝은 색일수록 크고 가볍고 팽창돼 보이며, 검은색에 가까울수록 작고 무겁고 수축된 느낌을 준다. 그러나 이런 차이는 사실 명도 차이에서 비롯되는 것이고 색상 자체는 큰 관계가 없다.

이런 색의 특성을 이용해 천장이 높아 보이게 하는 방법도 있다. 천장에는 실내에서 가장 밝은 색을 쓰고 바닥에는 가장 어두운 색을 써보자. 위로 갈수록 색이 가벼워지면서 천장이 넓어 보이므로 공간 전체가 환하게 트여 보일 것이다.

팽창색 膨脹色

실제 면적보다 크고 팽창되어 보이는 색이다. 흰색에 가까워질수록 크고 넓어 보인다. 팽창색 옷을 입으면 평소보다 살이 쪄 보인다. 인테리어에서는 실 면적보다 넓고 크게 보일 수 있으므로 벽이나 천장에 많이 사용한다.

수축색 收縮色

실제 면적보다 줄어들어 보이는 색이다. 명도가 낮은 짙은 청색과 짙은 녹색, 그리고 명도가 없는 검은색 등이 여기에 해당한다. 실제보다 작아 보이므로 수축색 옷을 입으면 날씬해 보이는 효과가 있다.

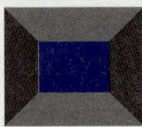

바닥, 벽, 천장의 순서로 명도를 높인다. 위로 갈수록 색이 점차 밝아지면 천장은 더 높고 방은 더 넓어 보인다.

COLOR MAGIC
방이 넓어 보이는 방법

색 중에는 실제 거리보다 가깝게 느껴지는 색과 멀게 느껴지는 색이 있다. 이를 진출색과 후퇴색이라고 한다. 같은 거리에서도 더 가깝게 느껴지는 색은 빨간색과 노란색 같은 난색 계열이다. 파란색과 같은 한색 계열은 같은 거리에서도 더 멀게 느껴진다.

팽창색과 수축색, 후퇴색과 진출색의 성질을 잘 조합하면 같은 넓이의 방이라도 더 길어 보이게 하거나 벽을 더 넓어 보이게 할 수 있다. 예를 들어, 좁고 긴 방에서 안쪽의 한 벽만 수축색이자 후퇴색인 한색 계열의 어두운 색으로 칠하면 벽이 훨씬 작아 보여서 실제보다 멀리 있는 것처럼 느껴진다. 그 반대로 밝은 난색을 칠하면 벽이 가깝게 느껴져서 좁고 긴 방의 형태를 어느 정도 완화시킬 수 있다.

진출색 進出色
빨간색이나 노란색 같은 난색은 눈에 잘 띄어 실제 위치보다도 가까워 보인다. 텔레비전 광고에 등장하는 슈퍼마켓, 또는 길거리에서 나눠주는 광고 전단지에 난색을 많이 쓰는 것도 바로 이런 이유에서다.

후퇴색 後退色
파란색과 같은 한색은 같은 위치에 있어도 더욱 멀게 느껴진다. 후퇴색이 많으면 방이 넓어 보이기는 하지만 전체적으로 어두운 색감에 자칫 마음이 무겁고 답답해질 수 있으니 주의하자.

천장이 높으면 오히려 안정에 방해가 되는 방도 있다. 이런 경우는 천장을 어두운 색으로 칠해서 안정감 있게 꾸미면 좋다.

LESSON 3

감정을 표현하는 색

색을 찾는 방법

지금까지 색의 이미지와 색이 미치는 심리효과에 대해 알아보았다. 실제로 인테리어 색상을 선택할 때는 방의 사용 목적까지 폭넓게 고려해야 한다. 키친이나 다이닝 룸에는 음식이 맛깔스러워 보이게 하는 색을 사용하고, 공부방에는 정신 집중을 돕는 색을 사용하는 것처럼 말이다. 하지만 무엇보다 자신이 그 색을 좋아하는지 아닌지가 중요하다.

    좋아하는 색은 사람마다 다르다. 밝은 색에 둘러싸여 있기를 좋아하는 사람이 있고 그런 인테리어를 산만하다고 느끼는 사람도 있다. 여기서는 자연스러운 배색, 행복감을 주는 색채 등 각 주제에 어울리는 색상을 소개하도록 한다. 자신이 좋아하는 색 이미지의 범위를 좁혀서 인테리어 색채 계획에 구체적으로 반영해보자.

사진이나 미술작품 속의 색 배합을 따라해 보는 것도 좋은 방법이다. 이 집은 앞 페이지의 사례를 보고 비슷한 색상과 무늬로 벽을 페인팅했다.

자연의 색에서 찾아낸 색 조합

우리가 흔히 접하는 잎사귀, 나무, 바위, 꽃처럼 자연물에서 뽑아낸 듯한 색상을 모으면 저절로 조합이 이루어진다. 여유로운 이미지와 조용하고 차분한 느낌을 주는 색 조합이다.

고급스러움과 화려함을 강조한 색 조합

보라색은 파랑과 빨강의 상반된 두 성질을 내포해 개성적이고 신비로운 색으로 알려져 있다. 이를 잘 사용하면 우아한 분위기 속에서 여성스러움을 한껏 강조할 수 있다.

보기만 해도 기운이 나는 비타민 컬러 조합

유쾌하고 활기 넘치는 색상인 주황색과 노란색에 상큼한 황록색을 더했다. 이렇게 채도가 높은 색들을 모아놓으면 의외로 잘 어울린다. 조합할 색을 찾을 때 유사색을 먼저 선택하면 실패 확률이 낮아진다.

긴장을 풀고 집중력을 높이는 파란색 조합

파란색의 진정효과를 제대로 활용해보자. 파란색 계열에서도 채도가 높은 세 가지 색을 조합해 기분을 편안하게 가라앉히고 한 가지 일에 집중할 수 있는 공간으로 꾸며보자.

외국 잡지에서 튀어나온 듯한 서양 주택 스타일

채도가 낮은 수수하고 점잖은 색상은 풍요로움과 윤택함, 지성을 상징한다. 우리나라에서는 쉽게 볼 수 없는 조합인 만큼 일상에서 벗어난 듯한 느낌도 줄 것이다.

음식을 돋보이게 하는 '맛있는 색' 조합

음식을 맛깔스러워 보이게 하는 가장 쉬운 방법은 주변색을 난색으로 통일하는 것. 식자재에 빨간색, 주황색, 노란색 등 난색을 압도적으로 많이 쓰는 이유도 난색을 보면 식욕이 자극되기 때문이다.

로맨틱하고 행복한 기분을 맛보고 싶을 때

핑크색은 행복을 상징한다. 그러나 너무 밝고 선명한 핑크색은 자극이 강해서 인테리어에 적합하지 않다. 부드러우면서도 지나치게 달콤하지 않은 절묘한 배합으로 탄생한 세 가지 핑크색을 한자리에 모았다.

화장실이나 욕실에 어울리는 청결한 색 조합

화장실이나 욕실은 대부분 좁기 때문에 답답하지 않은 색을 선택하는 것이 좋다. 추천 컬러 외에 매우 연한 핑크색 역시 청결하고 세련된 느낌을 준다.

마음을 가라앉히고 편안하게 해주는 색 조합

채도를 낮춘 상태에서 갈색에 가까운 핑크색 그러데이션을 만들어 온화하고 따뜻한 이미지를 표현했다. 동계색이나 유사색을 함께 사용하면 차분하고 안정된 느낌을 준다.

하늘과 바다를 닮은 색으로 시원하고 상쾌하게

같은 계열의 색을 농담을 달리해 조합하면 섬세한 색 변화를 즐길 수 있다. 하늘을 닮은 밝은 파란색은 차가운 한색이지만 무겁게 느껴지지 않아서 인테리어 활용에 좋다.

전통미와 현대미를 잘 배합한 오리엔탈 모던 스타일

진하고 선명한 색보다는 모래색이나 회색처럼 수수하고 잔잔한 색을 좋아하는 사람들이 선호할 만한 조합이다. 동양의 토담이나 돌계단을 떠올리게 하는 색감으로 마음에 안정을 준다.

동심이 가득한 아이 방에 어울리는 조합

핑크, 노랑, 파랑 등 성격이 전혀 다른 세 가지 색이 만났다. 그런데도 통일감이 느껴지는 것은 색조를 통일했기 때문. 즐겁고 활기찬 분위기를 만들어 아이의 감성을 키워준다.

PAINT COLUMN

벽지에 페인팅하기

실크벽지 위에도 바로 칠할 수 있다

요즘 가정집들은 폴리염화비닐PVC이 코팅된 실크벽지를 바른 경우가 많다. 실크벽지가 오래돼 더러워지거나 색이 변하면 벽지를 바꾸고 싶어진다. 하지만 비싼 공임을 들여 벽지 전체를 갈지 않고도 페인트로 간단하게 원하는 부분만 칠할 수 있다. 흔히 합지가 아닌 실크벽지 위에는 바로 페인팅을 할 수 없다고 알려져 있지만, 요즘 나오는 벽지 전용 페인트 중에는 실크벽지에도 바로 바를 수 있는 제품이 많다. 실크벽지에 올록볼록 무늬가 있었다면 그 자체로 개성 있는 질감이 표현될 것이기에 더욱 효과적이다.

원래 실크벽지를 붙였던 벽에 약간 푸른 기가 도는 흰색 페인트를 덧칠했다. 벽지의 올록볼록한 질감이 살아나 더욱 개성 있어 보인다.

벽지를 바꿔야 한다면 페인트 전용 벽지를 써보자

벽지가 심하게 더럽거나 손상되어 바로 페인팅을 할 수 없는 경우, 또는 실크벽지에 벽지 전용이 아닌 다른 페인트를 칠하고 싶은 경우에는 초배지(정식으로 도배를 하기 전에 애벌로 도배할 때 쓰는 종이)를 구해 붙인 다음 페인팅을 하는 사람들이 많다. 이럴 때 미국이나 유럽에서 즐겨 쓰는 페인트 전용 바탕벽지를 붙여보면 어떨까?

페인팅을 즐기는 나라에서는 우리처럼 일반 실크나 합지 벽지 대신, 무기질 유리섬유 벽지를 널리 사용한다. 한 번 붙이면 웬만해서는 상처도 나지 않을 만큼 내구성이 뛰어나고 단열성, 흡수성도 좋으며 유리섬유의 특성상 불에도 빨리 타지 않아 안전한 부자재로 인기가 높다. 페인팅을 할 때 발색이 뛰어나고 초보자도 얼룩 없이 깨끗하게 바를 수 있다는 것도 장점. 일반 벽지와 달리 페인트칠을 열 번 이상 견딜 수 있는 강도이기 때문에 벽 색깔이 지겨워질 때마다 다른 색을 덧칠해도 문제가 없다.

색상은 모두 흰색이지만 제품 패턴에 따라 개성 있는 질감을 표현하기도 좋고, 벽 색깔을 바꿀 때 쓰레기양이 적게 발생하므로 친환경적이기도 하다. 단점은 국산 제품은 없고 수요가 적어 수입 제품도 다양하지 않으며, 기능성이 뛰어난 만큼 값도 매우 비싸다는 점이다.

페인트 전용 벽지는 25~50미터 한 롤씩 구입할 수 있다. 현재 국내에서는 삼화 홈데코에서 프랑스의 테라텍스 제품을 소개하고 있다. 사진은 패턴 샘플.

30쪽에 소개한 O씨 부부의 집도 발색감을 높이기 위해 페인트 전용 바탕벽지를 발랐다.

CHAPTER 04

INTERIOR PAINT TECHNIC

공구 탓 하지 말고 | 사용법 제대로 익히기

벽에 페인트를 칠하는 것은 무척 어려운 작업 같지만 기초 도구 다루는 법과 페인팅 테크닉만 배우면 예상 외로 간단하다. 도구가 손에 익고 점점 요령이 붙으면 방 하나를 반나절 만에 다 칠할 수 있을 정도로 부담이 적고 즐거운 작업이 될 것이다.

STEP 1

색 결정하기

오프라인 매장에서 컬러차트와 샘플을 보며 선택한다

페인트를 칠하기에 앞서 칠하고 싶은 색을 결정해야 한다. 브랜드별 컬러 차트는 해당 회사 홈페이지나 온라인 종합 쇼핑몰 등을 통해 쉽게 열람할 수 있다. 하지만 제공되는 기본 색상만 해도 수백, 수천 가지가 되는데다 모니터 조건에 따라 실제 색상과는 다르게 보일 수 있기 때문에 마음을 정하기 쉽지 않다.

요즘 국내에는 인테리어 DIY와 관련해 다양한 정보를 얻을 수 있는 인터넷 카페나 블로그가 넘쳐난다. 회원들이 실제로 꾸민 집을 실시간으로 포스팅해 제품에 관한 정보를 공유하기 때문에 여러 곳에 발품을 팔지 않고 이를 잘 활용하는 사람도 있다. 하지만 백문이 불여일견! 다른 것도 아니고 우리집 인테리어의 가장 중요한 포인트가 될 페인트 색상 고르기와 관련해서는 번거롭더라도 한번쯤은 오프라인 매장에 찾아가 정확한 정보와 전문적인 의견을 구하는 것이 좋다. 이들 페인트 숍에서는 실제로 페인트를 칠했을 때와 똑같은 색상을 구현한 컬러차트와 인테리어 샘플 책자, 다양한 종류의 제품 카탈로그를 보며 진정 원하는 색을 발견할 수 있다. 처음 하는 페인팅이라면 매장 직원과의 상담을 통해 꼼꼼한 가이드를 받는 것도 좋은 방법이다.

벤자민무어의 컬러차트.
다양한 색상의 샘플이 부채꼴 모양으로 펼쳐져서
팬 덱(fan deck)이라고 부른다.

컴퓨터 조색기를 이용해 원하는 색상을 만든다

요즘 인테리어 페인트는 처음부터 색이 완성돼 한 통에 담겨 나오는 제품보다 색과 색을 섞어가며 제3의 색을 만들어내는 경우가 많다. 컬러와 트렌드 변화에 민감한 고객들의 요구를 충족시키기 위해 브랜드마다 고유의 조색 시스템을 갖추고 다양한 색채를 만들어내고 있다. 원리는 비슷해서 베이스가 되는 페인트와 컬러런트(색소)를 이용해 컴퓨터로 자동 조색하는 방식이다. 브랜드 매장에 방문해 컬러차트에서 원하는 색상을 고르면 직원이 바로 조색해준다. 비율에 맞춰 일정한 색을 내기 때문에 추가 주문을 할 때 톤이 달라질까 염려할 필요는 없다.

컴퓨터 조색기로 제품을 만드는 순서

1

선택한 샘플 번호를 전용 기계에 입력하면 샘플 색상을 만드는 데 필요한 기본 페인트의 색상과 양이 자동 계산된다.

2

조색기로 데이터를 전송하면 준비된 용기 안으로 페인트들이 자동 배출되어 담긴다.

3

페인트 통을 전용 교반기에 넣으면 골고루 섞이면서 원하는 색상이 만들어진다.

4

페인트 완성! 기다리는 시간은 5~10분에 불과하다. 필요한 양만큼 주문할 수 있어서 경제적이다.

페인트 브랜드를 고르는 몇 가지 기준

1. 천연인가, 친환경인가?

집안에 칠하는 인테리어 페인트로는 100퍼센트 무독성 천연 페인트나, 인체 유해 요소를 최소한으로 줄여 안전성을 높인 친환경 페인트가 대부분이다. 친환경 페인트는 VOC라고 하는 휘발성 유기화합물이 일부 검출되기는 하나 인체에 무해한 정도라고 안전성을 판정받은 제품을 말한다. 하지만 국가마다 그 기준이 달라 국내보다 엄격한 유럽이나 미국 브랜드 제품을 선호하는 사람들이 많다. 값은 해외 브랜드 제품이 국산 제품보다 2~2.5배 높은 수준이다.

2. 칠할 곳이 벽인가, 목재인가, 베란다인가?

페인트를 칠할 곳이 어디인가에 따라 제품이나 브랜드 선택도 달라진다. 페인트 회사마다 실내 벽면과 천장용, 문이나 가구용, 외부 베란다용 등 칠할 부위에 맞는 기능성 제품을 내놓고 있으며, 브랜드별로 특히 인기 있는 제품군이 따로 있다. 예를 들어 실내 벽면용 페인트로는 환경 기준치가 국산보다 높고 컬러 선택폭이 넓으며 발색감도 좋은 던에드워드, 벤자민무어, 베어 등 미국산 친환경 브랜드를 선호하는 편이다. 이왕이면 천연 페인트가 좋을 것 같지만 천연 페인트는 모든 원료를 식물에서만 추출해 조색하기 때문에 색이 다양하지 않고 자연건조 시간이 길다는 단점이 있다. 한편, 목재 페인팅이나 원목 가구 리폼을 위해서는 발색이 자연스럽고 수명도 긴 천연 페인트 제품이 찰떡궁합이어서 이 분야에 강점이 있는 유럽의 오스모, 아우로, 비오파 등을 즐겨 찾는다.

3. 국산 브랜드는 못 쓰나?

그렇지 않다. 국산 페인트 제품은 무엇보다 가격 면에서 경쟁력이 있다. 요즘은 노루표, 제비표, 삼화페인트 등 국내 전통의 페인트회사들도 환경에 대한 관심이 높아져 대부분 제품에 친환경 인증을 획득하고 있다. 그래서 아이 방이나 침실 등 특히 신경 쓰이는 몇몇 공간을 제외하고는 외국산보다 싸고 실속 있는 국산 페인트 제품을 선호하는 소비자도 많다.

> **POINT 색상 샘플을 집으로 가져가자**
>
> 숍에서 바로 색을 결정하기가 어렵다면 색상 샘플을 받아 집으로 돌아가서 다시 생각해보자. 색상 샘플을 벽이나 가구 등에 대보면서 실제로 칠했을 때 주변의 가구나 소품, 바닥 색상과 잘 어울리는지 살펴보고, 조명을 켰을 때와 껐을 때의 느낌도 비교해본다. 페인트 인테리어에서 색은 가장 중요한 요소이므로 실패하는 일이 없도록 신중하게 선택하자.

STEP 2

기초도구 마련하기

페인팅을 위한 준비물

작업을 시작하기 전에 미리 준비할 도구들이 있다. 페인팅에 필요한 브러시나 롤러 외에도 페인트를 담을 용기가 필요하다. 나중에 청소하기 편하려면 용기에 덧씌울 비닐도 함께 준비한다. 또 페인트가 튀지 않도록 주변을 가리고 덮을 재료도 필요하다. 준비할 때 조금 귀찮더라도 주변에 커버링 작업을 꼼꼼하게 하고 시작해야 뒷정리가 편하다. 가구는 미리 방 한가운데로 모은 다음 비닐 커버를 씌워두자.

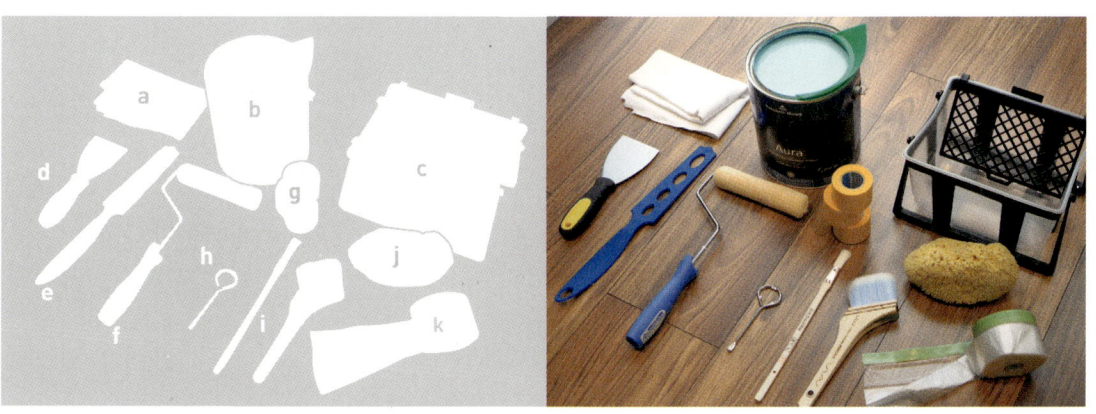

a. 마른 천 **b.** 페인트(부을 때 옆으로 새지 않도록 깔때기를 끼웠다) **c.** 롤러용 트레이 **d.** 헤라(페인트 제거 주걱) **e.** 페인트 젓개 **f.** 롤러 **g.** 마스킹 테이프 **h.** 페인트 뚜껑 오프너 **i.** 브러시 **j.** 아티스트 스펀지 **k.** 커버링 테이프

꼭 필요한 도구

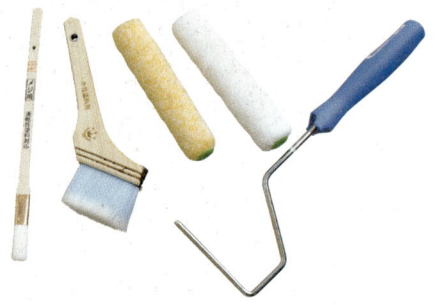

브러시 / 아트 브러시 / 롤러
브러시는 수용성인 데다 손잡이가 기울어진 형태의 제품이 편리하다. 롤러는 털이 잘 빠지지 않는 단모 제품을 추천. 여기에 미술용으로 쓰는 납작한 아트 브러시를 적당한 두께로 준비하면 세세한 부분까지 칠할 수 있다.

커버링 재료
마스킹 테이프와 커버링 테이프(마스킹 테이프에 비닐 시트를 붙인 형태)만 있으면 된다. 신문지는 페인트가 스며들어 바닥에 묻을 수 있으므로 되도록 사용하지 않는 것이 좋다.

브러시를 잡는 법

손잡이 윗부분을 감싸 쥐지 않도록 주의하자. 브러시가 페인팅하는 면을 향해 눕지 않도록 조심한다. 브러시를 새로 구입했다면 털을 골고루 비벼서 풀어주고 빠져 나온 털을 훑어낸 다음 사용한다.

CHECK! 바르는 면과 수직이 되게 한다!

연필을 쥐듯이 손잡이를 가볍게 잡는다. 브러시를 수직으로 세운 상태에서 페인트를 바르면 자국 없이 깔끔하게 바를 수 있다. 팔꿈치와 손목에 힘을 주지 않도록 주의한다.

롤러를 잡는 법

롤러를 이용해 높은 곳이나 천장에 페인트를 바를 때는 길이 조절이 가능한 2단 폴대를 끼워 사용한다. 롤러를 머리 위로 들면 페인트가 떨어져서 묻을 수 있는 데다 힘을 주기 어려우므로 몸에서 조금 떨어뜨려서 사용하는 것이 좋다.

페인트칠을 할 때는 폴대의 아랫부분을 잡고 반드시 바깥쪽에서 안쪽으로, 아래에서 위로 칠한다. 봉을 잘못 잡으면 페인트가 사방으로 튈 수도 있다. 뭉치는 곳이 없도록 롤러를 가볍게 굴리듯이 밀면서 바른다.

CHECK!
바깥쪽에서 안쪽으로, 아래에서 위로!

STEP 3

커버링 작업은 이렇게 하자

빈틈없이 꼼꼼하게 붙인다

우선 페인팅 할 벽면을 점검하자. 구멍이나 틈새는 보수용 퍼티(메꿈이)로 메우고, 얼룩이나 곰팡이를 모두 찾아 제거한다. 그리고는 페인트가 삐져나가거나 칠하면 안 되는 부분을 마스킹 테이프와 시트로 꼼꼼히 감싸준다. 이 작업을 얼마나 꼼꼼하게 하느냐에 따라 페인트칠의 결과가 달라지므로 특별히 신경을 쓰자! 이 작업이 사전 준비의 약 60~70퍼센트를 차지한다고 볼 수 있다.

콘센트 케이스를 떼어내고 마스킹 테이프로 덮어준다

1

일자 드라이버나 페인트 주걱으로 콘센트 덮개를 벗긴다.

2

덮개 밑에 있는 스위치 플레이트의 나사를 풀어 벽에서 분리한다.

3

콘센트 내부를 모두 감쌀 정도로 마스킹 테이프를 붙인다.

4

스위치 플레이트를 위에 대보고 마스킹 테이프가 삐져나오는지 확인한다.

걸레받이에 마스킹 테이프를 붙인다

1

페인팅하지 않을 부분에 마스킹 테이프를 붙여서 보호한다. 모서리 부분은 페인트 주걱으로 잘라낸다.

2

모서리 부분은 특히 신경 써서 페인트가 흘러내리지 않도록 바싹 붙인다.

3

두 벽이 만나는 바깥 모서리 부분에서는 마스킹 테이프를 한 바퀴 돌려서 다시 붙여야 깔끔하게 커버된다.

4

마스킹 테이프가 벽에 닿는 라인이 바로 페인팅 할 면적의 경계가 되므로, 최대한 똑바른 직선이 되게 하자!

POINT 천장 조명에도 커버링을!

벽만 칠한다면 상관없지만 천장까지 칠할 때는 조명 기구도 커버링해줘야 한다. 일단 전구 소켓만 남기고 덮개와 조명기구를 모두 벗긴다. 소켓을 커버링 테이프로 잘 감싸면 페인트가 튀는 걱정은 하지 않아도 된다.

마스킹 테이프 위에 커버링 테이프를 붙인다

1. 비닐이 여러 겹으로 접혀 있는 커버링 테이프를 마스킹 테이프 위에 덧붙이기 시작한다.

2. 위에서부터 손가락으로 꾹꾹 눌러서 벽에 완전히 밀착시킨다. 특히 모서리 부분을 신경 써서 붙인다.

3. 밖으로 튀어나온 모서리 부분을 그대로 꺾어 붙이면 나중에 비닐이 펼쳐지지 않는 부분이 생긴다. 그러므로 다음과 같은 특수한 방법으로 붙여야 한다.

CHECK! 밖으로 튀어나온 모서리 부분에는 커버링 테이프를 넉넉하게 붙이자!

4. 커버링 테이프를 30cm 이상 넉넉하게 푼 다음, 테이프를 반으로 접어서 비닐 시트가 부채꼴로 펼쳐지게 만든다.

5. 커버링 테이프를 중간에 끊지 않고 최대한 길게 붙이면 페인팅 후 수월하게 벗길 수 있다.

문이나 창틀도 커버링하자 | POINT

페인트를 칠하다 보면 정말 생각지도 못한 곳까지 페인트가 튄다. 문이나 창틀도 커버링하고 커튼은 떼어내자. 각종 소품도 작업에 방해가 되지 않도록 옮겨 놓는다.

비닐 시트를 펼쳐 바닥을 덮는다

1. 커버링 테이프를 모두 붙이고 나면 비닐 시트를 펼쳐 바닥을 덮는다.

2. 마스킹 테이프를 바깥쪽으로 둥글게 말아서 양면 테이프처럼 만든 다음, 걸레받이 곳곳에 미리 붙여둔다.

3. 페인트칠을 하다가 비닐 시트에 걸려 넘어지지 않도록 걸레받이에 시트를 바짝 붙인다.

4. 비닐 시트가 들뜨거나 밀리지 않도록 바닥 부분도 마스킹 테이프로 고정해준다.

POINT 마스킹 테이프보다 조금 아래에 커버링 테이프를 붙인다

걸레받이 커버링을 할 때는 먼저 마스킹 테이프를 벽과 걸레받이 경계선 부근에 붙인 다음, 그보다 몇 밀리미터쯤 아래에 커버링 테이프를 덧붙인다. 커버링 테이프는 마스킹 테이프보다 접착력이 강해 나중에 벗겨낼 때 페인트가 같이 떨어질 수도 있다. 그런 상황을 피하려면 두 번 일하는 것 같아도 위와 같은 방법을 쓰는 것이 좋다.

STEP 4

드디어 페인트칠 시작!

**얇게 두 번 바르면
색이 더 말끔해진다**

커버링 작업까지 마쳤다면 이제 정말 페인트를 칠하는 일만 남았다! 요즘 판매되는 인테리어 페인트는 대부분 독한 냄새가 나지 않지만 페인트가 빨리 마르려면 환기가 중요하므로 맑은 날에 창문을 활짝 열고 시작하자.

페인트를 칠할 때 너무 두껍게 바르면 얼룩이 지기 쉽다. 신경 써서 얇게 두 번 칠하면 더 말끔하게 완성할 수 있다. 처음 한 번 칠하고 페인트가 굳기 전에 두 번째 페인트칠을 하는데, 보통 30분 이상 말린 다음 다시 칠해서 완전히 말린다. 전날 밤에 미리 커버링 작업을 해놓으면 한결 여유롭게 마칠 수 있다.

페인트 준비

1. 페인트 통에 오프너를 끼운 다음, 페인트가 흐르지 않도록 천천히 뚜껑을 연다. 작업하다 페인트가 남을 수도 있으므로, 처음부터 쓸 만큼만 롤러용 트레이에 옮겨 담고 뚜껑을 닫아둔다.

2. 페인트가 뭉치지 않도록 젓개로 골고루 젓는다.

POINT 휴식 시간에는

잠시 작업을 멈추고 쉴 때는 남은 비닐 시트 등으로 트레이를 덮어 공기와의 접촉을 최대한 차단한다.

브러시를 쓸 때 주의할 점

1. 페인트는 브러시 길이의 절반 또는 3분의 2 정도만 묻힌다. 페인트를 브러시 끝까지 묻히면 작업하는 중에 털이 빠질 수 있다.
2. 페인트가 묻은 브러시를 그물망에 여러 번 쓸어 페인트 양을 조절한다. 그래야 칠할 때 얼룩이 생기지 않는다.

롤러로 바를 때 주의할 점

1. 롤러는 회전하면서 페인트가 튀기 쉽다. 칠하기 전, 용기 그물망에 천천히 여러 번 쓸어주며 페인트 양을 조절한다.
2. 바를 때는 롤러를 사선으로 기울여서 사용한다. W자를 그리듯이 바르면 얼룩 없이 말끔하게 발린다.

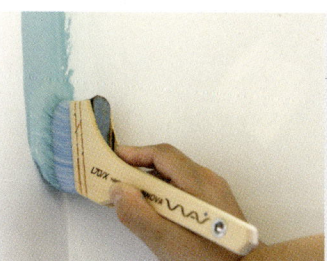

POINT | 브러시가 건조해지지 않도록 주의하자

브러시나 롤러에 묻은 페인트는 공기와 접촉 시간이 길기 때문에 빨리 굳는다. 브러시를 사용하지 않을 때는 털 부분을 물에 담가두었다가 물기를 털고 다시 사용한다. 물에 담글 수 없는 상황이라면 랩으로 싸서 공기 접촉을 최대한 막는다.

천장을 가장 먼저 바른다

1. 벽보다 천장을 먼저 바르는 것이 기본. 벽만 칠한다면 다음 페이지로 바로 이동!

2. 브러시로 벽과 천장의 경계선 부분을 먼저 칠한다. 벽 쪽으로 색이 조금 삐져나가도 괜찮다.

3. 넓은 면적에는 롤러를 사용한다. 자신을 기준으로 먼 곳에서 가까운 곳으로 칠한다. 뒷걸음질을 치면서 바르면 힘을 주기가 쉬워서 말끔하게 발린다.

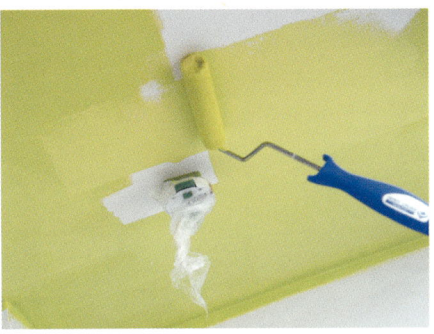

4. 조명기구 주변도 중심만 피해가면서 자연스럽게 칠한다(여기까지 한 번 칠하고 나서 30분 이상 말리고 다시 한 번 덧칠한다).

5. 천장을 두 번 다 칠했으면 벽과 닿아 있는 천장 모서리 부분에 두꺼운 마스킹 테이프를 붙인다.

6. 실내에서 가장 시선을 끄는 곳이 바로 천장과 벽의 경계 부분이다. 이 부근은 특별히 신경 써서 테이프를 붙인다.

INTERIOR PAINT TECHNIC

세세한 부분은 브러시로 꼼꼼하게 바른다

1. 천장과 벽의 경계나 벽과 벽 사이처럼 롤러로 바르기 어려운 부분을 브러시로 먼저 칠한다.

2. 모서리 부분을 칠할 때는 평평한 부분에 브러시를 갖다 댄 다음, 페인트가 뭉치지 않도록 주의하면서 브러시를 천천히 내린다.

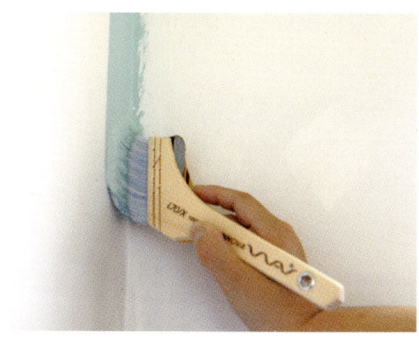

3. 칠할 때 브러시가 옆으로 눕지 않도록 주의하자. 브러시를 수직으로 세워서 바르면 자국을 남기지 않고 말끔하게 바를 수 있다.

4. 브러시로도 바르기 어려운 부분은 아트 브러시나 작은 사이즈의 붓을 사용한다.

5. 테두리를 모두 칠한 모습이다. 윗부분을 먼저 바른 다음 아랫부분을 발라야 작업을 좀 더 수월하게 끝낼 수 있다.

6. 콘센트 주변처럼 복잡한 부분도 롤러가 아닌 브러시를 사용해서 칠한다.

롤러로 전체를 칠한다

1. 이제 롤러가 등장할 차례. 힘이 좌우에 균등하게 퍼지도록 주의하면서 리듬에 맞춰 천천히 롤러를 밀면서 페인팅한다.

2. 페인트를 부지런히 묻혀가며 W자를 그리듯이 칠한다. 페인트를 너무 얇게 바른 것 같은 생각이 들더라도 나중에 한 번 더 칠할 것이므로 크게 신경 쓰지 말자.

3. 빠뜨린 모서리 주변은 롤러로 칠하기 어려우므로, 브러시에 같은 색 페인트를 묻혀 다시 칠한다.

4. 바닥과 닿은 부분은 롤러를 아래에서 위로 밀어 올리듯이 발라야 얼룩이 남지 않는다.

POINT 여러 가지 페인팅 기법으로 다양한 표현을 즐긴다

이번 코너에서는 가장 손쉽게 페인팅하는 롤러 사용법에 관해 이야기했다. 하지만 페인트를 칠하는 방법은 이밖에도 다양하다. 브러시로 일부러 얼룩을 만들거나 스펀지를 두드려 무늬를 만드는 등 다양한 방식으로 표현할 수 있다. 한쪽 벽만이라도 다른 페인팅 기법을 활용해 개성 넘치는 공간으로 꾸며 보면 어떨까?

커버링한 테이프를 떼어낸다

1. 처음 페인트를 칠해서 30분 이상 지나면 다시 한 번 페인팅한다. 칠이 모두 끝나면 커버링에 사용한 테이프는 떼어낸다.

2. 테이프를 떼어내기에 가장 좋은 순간은 칠이 끝난 직후이다. 시간이 지나면 페인트가 굳으면서 테이프가 접착 면에 달라붙기 쉽다.

3. 테이프를 너무 세게 잡아당기면 페인트가 벗겨질 수 있으므로 천천히 조심하면서 떼어낸다.

완성 커버링 작업에 사용한 테이프와 비닐 시트를 떼어내면 작업 끝! 방 크기에 따라 차이가 있겠지만 페인트칠에 어느 정도 능숙해지면 커버링부터 완성까지 전 과정을 서너 시간 만에 끝낼 수 있다. 물론 페인팅에 처음 도전하는 사람이라면 큰 용기가 필요할 것이다. 좁은 공간부터 조금씩 바꿔나가 보자.

STEP 5

관리 및 보수

사용한 도구는 깨끗이 손질하자

페인트칠이 끝나면 다음에 다시 사용할 수 있도록 도구를 깨끗하게 씻어둔다. 페인트가 묻은 채로 두면 말라붙어서 나중에 쓸 수 없게 된다. 특히 수용성 페인트는 굳는 속도가 빠르므로 작업이 끝난 후에 곧바로 씻어야 한다.

남은 페인트는 알맞은 크기의 플라스틱 용기에 옮겨 담아 밀폐 보관한다. 폐페인트는 절대로 물에 흘려보내서는 안 되며, 양이 작다면 헌옷이나 신문지 등에 적셔서 종량제 봉투에 넣어 버린다.

브러시 손질하기

사용한 브러시는 물이나 중성세제를 사용해 깨끗하게 씻은 다음 그늘진 곳에서 말린다. 손잡이 쪽의 브러시 뿌리 부분은 페인트가 굳어 있기 쉬우므로 더욱 꼼꼼히 닦아야 한다. 깨끗하게 씻어야 브러시가 굳는 것을 방지할 수 있다.

롤러 손질하기

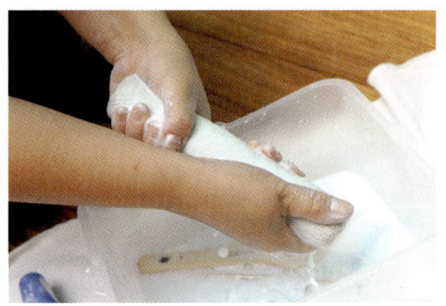

롤러도 보통 물이나 중성세제로 씻는다. 신문지에 롤러를 문질러 페인트가 묻어나오지 않을 때까지 닦은 다음 물에 담그면 세척이 한결 수월해진다.

TIP 우리나라에서 폐페인트는 원래 고온 소각해야 하는 지정 폐기물이다. 양이 많다면 폐페인트를 수거해 재활용하는 업체에 연락해 가져가게 하면 좋지만 반통쯤 남은 페인트를 일부러 수거해가는 곳은 없다. 그래서 양이 적을 때는 천이나 신문지에 적셔 종량제 봉투에 담아 버리라고 한다. 하지만 이왕이면 집 근처 페인트 가게나 인테리어 숍에 찾아가 폐기물 처리를 부탁하면 좋을 것이다.

페인트를 칠한 벽에 스크래치가 생기면

페인트를 칠한 벽은 평소에 물걸레로 닦아주기만 하면 된다. 가구를 옮기다가 벽이 긁히거나 못 자국이 남아도 벽지처럼 새로 붙일 필요 없이 손쉽게 보수할 수 있다. 커터 칼이나 사포로 울퉁불퉁해진 표면을 고르게 한 다음 그 위에 페인트를 덧칠하기만 하면 된다. 밑색이 거의 비치지 않으므로 부분적으로 덧칠해도 얼룩이 생기지 않는다. 보수만 꾸준히 하면 오랫동안 아름다운 벽을 유지할 수 있다.

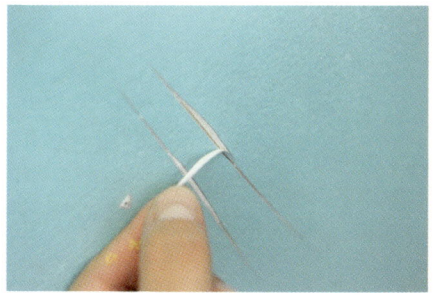

1. 긁힌 자국을 커터 칼로 다시 한 번 곧게 그어서 튀어나온 가장자리 부분을 깨끗하게 잘라낸다.

2. 사포로 표면을 고르게 한다. 사포는 200방 제품이 적당하다.

3. 보수용 퍼티(메꿈이)를 팔레트에 적당히 덜어서 브러시로 부드럽게 섞는다. 이때 공기가 들어가지 않도록 주의한다.

4. 브러시에 보수용 퍼티를 발라서 벽에 파인 자국을 메운다. 퍼티 종류에 따라 차이가 나지만 보통 15분 정도면 완전히 굳는다.

5. 퍼티가 완전히 굳은 것을 확인한 후 사포로 다시 한 번 가볍게 문질러서 표면을 고른다.

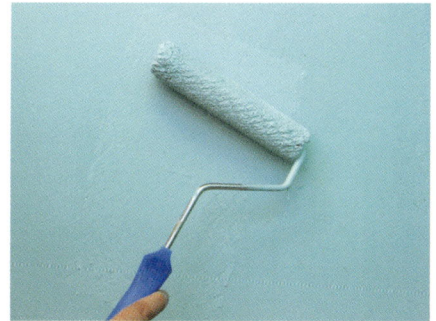

6. 롤러나 브러시로 페인트를 칠하면 보수 작업이 모두 끝난다. 못 자국처럼 깊이 파인 구멍도 같은 방법으로 보수하면 된다.

PAINT COLUMN 빛과 색 이야기

낮에 자연광이 비칠 때와 블라인드를 내리고 조명을 켰을 때의 사진을 비교해보면 색감에 상당한 차이가 나는 것을 느낄 수 있다.

햇빛과 조명에 따라 색이 바뀐다

방을 보라색으로 칠하고 싶다면 컬러차트로 색상을 정하기 전에 빛과 색의 관계에 대해 잘 생각해 봐야 한다. 심사숙고해서 색을 결정했지만 막상 칠을 끝내고 나서 '내가 생각한 것과 전혀 달라.'라며 후회하는 사람이 많기 때문이다. 빛이 색상에 미치는 영향을 모르는 것도 실패 원인이 될 수 있다.

실내의 색은 낮과 밤에 따라 당연히 바뀐다. 같은 햇빛을 받더라도 이른 아침에는 푸르스름해 보이고 저녁 무렵에는 붉은 기가 섞여 보이는 등 시간의 흐름에 따라 느낌도 달라진다. 게다가 벽 주변에 선명하고 밝은 색 소품이 있으면 그 색이 벽면에 반사돼 비쳐 보이기 때문에 방 전체의 색감에 영향을 끼칠 수 있다. 따라서 머릿속에 떠올린 색을 정확하게 구현해내려면 페인트를 바를 벽에 비치는 빛의 양과 종류, 주변 환경 등 다양한 조건을 고려해야 한다.

색은 특히 조명의 종류에 따라 크게 달라 보인다. 백열등, 형광등, LED 전구 등 사용하는 전구 종류에 따라 이미지가 달라진다. 일반적으로 백열전구를 비추면 원래 색보다 붉은 기가 더 섞여 보인다. 형광등이나 LED 전구는 주광색(일반 형광등 불빛)과 전구색(백열전구처럼 붉은 기가 돈다) 등 여러 종류가 있다. 주광색 조명을 비추면 사물이 약간 푸르스름해 보이는데, 거의 영향을 끼치지 않는 제품도 있다. 이런 인공조명 아래서는 주황색이나 핑크색 같은 빨간색 계통이 특히 영향을 많이 받으므로 페인트를 구입하기 전에 미리 색 변화를 확인하는 것이 좋다.

가장 좋은 방법은 벽에 바르고 싶은 색상 샘플을 붙여놓고 며칠간 생활해보는 것이다. 햇빛이 비칠 때 색이 어떻게 달라지는지, 특히 침실처럼 밤에 주로 머무는 공간은 캄캄한 밤에 조명을 켰을 때 어떤 느낌이 나는지 확인해보는 것이 좋다.

빛에 따른 색 변화를 실험해보자!

색상 샘플을 벽에 붙인 다음, 종류가 다른 두 가지 빛을 번갈아 비춰 색의 변화를 확인해보았다. 왼쪽은 자연광을 받은 모습이고, 오른쪽은 주황색 백열전구를 비췄을 때의 모습이다. 오른쪽 사진에서는 보라색 샘플이 핑크색에 가까워 보인다. 빛뿐만 아니라 벽의 질감에 따라서도 색이 달라보일 수 있다.

자연광일 때

주황색 백열전구를 켰을 때

CHAPTER 05

LET'S ENJOY CUSTOM PAINT

페인트로 즐기는 '개성 톡톡' 홈 데커레이션의 법칙

페인트로 칠할 수 있는 것은 벽만이 아니다. 소소한 생활용품부터 가구와 방문 리폼까지 즐거운 페인팅을 통해 세상 어디에도 없는 나만의 개성을 표현해보자. 같은 벽이라도 다른 느낌을 내는 다양한 기법들까지, 기발하고 재미있는 DIY 아이디어를 한데 모았다.

PART 1

페인트로 집안 리폼하기

바르기만 해도 개성있는 연출이 가능한 특수 페인트들이 있다. 광택 페인트를 여러 번 덧바르거나 페인팅 후 사포로 문질러 앤티크 효과를 내는 등 표현 기법도 다양하다. 벽을 칠하기 전에 연습 삼아 소품 리폼을 해보면 어떨까? 점차 익숙해지면 낡은 가구와 도어 페인팅으로 리폼의 범위를 넓혀가는 것이다. 조금 어설프더라도 공을 들인 만큼 눈길이 가는 것이 바로 셀프 페인팅의 매력이다.

TECHNIC 1
광택 있는 외장용 페인트 활용하기

문이나 담, 외벽 등에 사용하는 외장용 페인트는 바탕색을 완전히 덮어 버려 은폐력이 우수하고 녹 방지 및 내후성이 뛰어나다. 이런 특성을 활용해 아파트 베란다에 놓아둘 화분 등에 칠하면 좋다. 작업은 아주 간단하다. 초벌용 페인트를 바른 다음 원하는 색으로 두 번 칠하면 끝. 꽃집에서 가져온 흔한 플라스틱 화분도 순식간에 개성 넘치는 모습으로 바뀐다.

1. 페인트를 칠할 부분에 초벌용 페인트를 바른다. 흙을 담을 화분 안쪽은 칠하지 않아도 된다.

2. 선택한 페인트를 바른다.

3. 페인트가 완전히 마르면 한 번 더 덧바른다.

※ 사용한 제품은 포터스 스톤 페인트(옐로)와 금속성 광택제가 섞인 인더스트리얼 러스트(블랙)

TECHNIC 2
크랙 페인트로 독특한 무늬 즐기기

크랙 페인트란 장식적인 요소가 강한 크랙^{crack}, 즉 금이 간 무늬를 만드는 페인팅 보조제를 말한다. 그 자체로 독특한 분위기가 나서 가구나 벽, 액자 등 다양한 곳에 쓴다. 크랙 제품을 바르고 잠시 기다리면 점차 갈라지는 듯한 모양이 나타나는데, 서서히 앤티크 소품처럼 변해가는 모습이 인상적이다. 크랙 무늬 색과 바탕색을 선택해 바를 수 있으며, 두 색을 어떻게 조합하느냐에 따라 색다른 이미지를 연출할 수 있다. 크랙 페인트를 칠할 때는 어느 정도 요령이 필요하다. 그러나 한 번 그 재미에 빠지면 눈에 띄는 물건마다 칠하고 싶어질 테니 조심할 것!

1. 액자 뒷면은 마스킹 테이프를 붙여서 보호한다. 모서리 부분을 말끔하게 바르기 위한 작업이므로 생략해도 상관없다.

2. 액자 앞면에 초벌용 페인트를 골고루 발라 페인트가 잘 먹도록 준비한다.

3. 초벌제가 마르면 그 위에 크랙 무늬 색깔이 될 페인트를 칠한다.

4. 페인트가 마르면 크랙 페인트를 바른다. 이때 페인트에 5퍼센트 정도의 물을 타서 바르면 잔 크랙이 생긴다. 바르는 방향에 따라 크랙 무늬가 결정된다.

5. 잘 말린 후, 액자의 바탕색으로 고른 페인트를 칠한다. 페인트가 마르면서 서서히 금이 간 것 같은 무늬가 나타난다.

6. 완성. 액자를 두 개 준비해서 금이 간 곳과 바탕색을 서로 바꿔 칠하는 것도 재미있을 것이다.

※ 사용한 제품은 모두 포터스. 페인트는 에그쉘 아크릴 제품을 선택했다.

TECHNIC 3
바르기만 하면 낙서장이 되는 칠판 페인트

아마도 특수 페인트 종류 중 가장 사랑받는 아이템이 아닐까? 칠판 페인트를 바르면 어떤 벽이나 물건도 순식간에 낙서장으로 변신한다. 가족 게시판이나 회의용 보드 등 아이디어만 있으면 어떤 용도로도 사용할 수 있다. 벽 한 면에 칠판 페인트를 발라서 아이가 마음껏 낙서할 수 있게 해주는 것도 괜찮은 방법. 흔히 아는 칠판 색 외에 핑크, 하늘색처럼 화사한 색깔도 있으니 참고하자.

1. 준비한 보드에 브러시로 초벌용 페인트를 바른다. 굳이 보드가 아니어도 표면이 평평한 것이면 된다.

2. 페인트를 롤러에 골고루 묻힌다.

3. 롤러가 한쪽으로 치우치지 않도록 주의하며 보드 전체에 균일하게 바른다.

4. 표면이 평평해야 칠판으로 사용할 수 있으므로 멍울이 지거나 얼룩이 남지 않도록 주의한다.

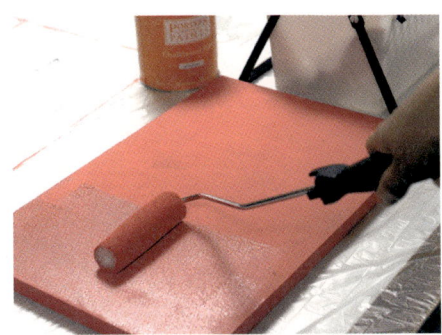

5. 페인트가 완전히 마르면 한 번 더 칠한다. 처음에 제대로 칠하지 못한 부분이 있더라도 덧칠할 때 꼼꼼히 바르면 된다.

6. 완성. 페인트가 완전히 마를 때까지는 분필을 사용하지 말자! 하룻밤 그대로 두거나 드라이어로 말리는 것이 좋다.

※사용한 제품은 모두 포터스

TECHNIC 4
부식 페인트로 앤티크한 멋 살리기

녹슨 금속에서는 깊은 멋이 느껴진다. 평범한 나무 액자에 부식 페인트를 칠하면 앤티크한 느낌이 살아나면서 오랫동안 함께한 것 같은 친밀감이 생긴다. 부식 페인트는 철 입자를 산화시켜 녹슨 느낌을 주는 '철 부식' 페인트와 청동 느낌이 나는 '동 부식' 페인트가 있다. 페인트를 살 때 산화를 돕는 전용 부식액도 함께 구입해야 한다. 인테리어 소품뿐만 아니라 벽이나 창틀, 문 등에 과감하게 사용하면 공간 전체의 분위기를 확 바꿀 수 있다. 개성이 워낙 강해서 가정집보다는 카페나 갤러리 같은 이색적인 공간 연출에 적합하다.

1. 초벌용 페인트를 골고루 바른다.

CHECK! 초벌용 페인트에는 산화방지 기능이 있어 액자 표면을 보호해준다.

2. 마르면 그 위에 부식 페인트를 바른다. 사진은 검은색 철 부식 페인트를 바르는 모습(브랜드에 따라 은색 제품도 있다).

3. 부식 페인트를 두 번 바른다. 처음 바른 페인트가 완전히 마른 후에 한 번 더 덧칠하는 것이 좋다.

4. 마르면 전용 부식액을 바른다. 화학반응에 의해 실제로 철 부식 현상이 일어나므로 손에 닿지 않도록 조심하자. 얼룩이 생길 수 있다.

5. 30분에서 1시간 정도 지나면 검은색이던 페인트가 부식되면서 갈색으로 변한다.

CHECK! 더 이상의 산화를 막고 싶다면 부식 페인트 전용 마감제를 바르면 된다.

6. 완성. 부식된 표면에서 앤티크한 멋이 느껴진다.

※사용한 제품은 모두 포터스

TECHNIC 5
천연 마감재 오일로 도마 코팅하기

내추럴한 느낌이 좋아서 원목 도마를 애용하는 주부들이 많다. 하지만 식재료 물이 잘 들고 칼자국이 생기는 것이 단점. 그래서 요즘은 먹어도 되는 천연 성분의 페인트 마감재 오일을 도마나 싱크대 원목 상판에 발라 코팅하는 주방 DIY가 인기다. 정육점의 육류 재단기 받침대, 나무로 만든 샐러드 볼 등에도 안성맞춤.

1. 나무 도마와 오일 제품, 사포, 붓이나 스펀지, 마른 헝겊을 준비한다.

2. 사포로 도마 표면을 문지른 후 나무가루를 잘 닦아낸다. 사포는 150~220방 제품이 적당하다.

3. 붓이나 스펀지로 오일을 골고루 펴 바른다.

4. 오일이 스며들기를 기다린 후 헝겊으로 문지르면서 닦아준다.

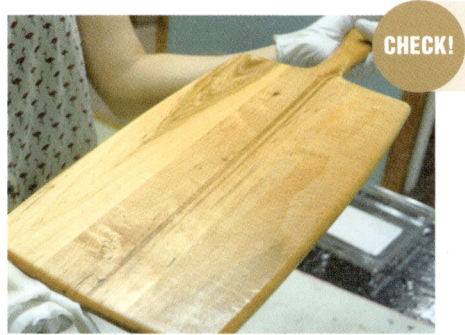

> **CHECK!** 이때 쓸 사포는 400방 제품이 적당하다. 사포는 제품번호가 높을수록 입자가 곱다. 페인팅 전 원목 표면을 다듬을 때는 거친 제품을, 마감용으로는 좀 더 부드러운 제품을 쓴다.

5. 6시간 후, 사포로 한 번 더 가볍게 문지른 다음, 오일을 다시 바른다. 이 과정을 1~4회 반복해 오일이 충분히 스며들도록 한다.

6. 마지막 페인팅 후 72시간이 지나야 물 세척이 가능하다. 코팅된 막 덕분에 도마에 물이 스며들지 않는다(식기세척기 사용 금지).

7. 완성. 이제 도마를 사용해보자.

※사용한 제품은 왓코 부처블록 오일 & 피니시

TECHNIC 6
밀크 페인트로 빈티지 가구 만들기

밀크 페인트는 우유 거품처럼 부드럽게 발려 낡은 가구를 분위기 있게 되살리는 데 안성맞춤인 재료다. 사용감이 가벼워 초보자도 쉽게 도전할 수 있으며 실력과 상관없이 누구나 멋진 결과물을 얻을 수 있다. 오래된 가구와 다양한 소품에 밀착력 있게 잘 발리고 페인팅 후 사포질도 잘 되어 손쉽게 빈티지 효과를 낼 수 있다.

1. 작업에 필요한 도구들을 준비한다. 리폼 할 의자와 밀크 페인트, 초벌용 페인트(컬러), 마감용 스테인.

2. 사포나 전동 샌더로 의자 표면을 문질러 거친 표면을 다듬는다.

3. 컬러가 있는 초벌용 페인트를 바른다. 나중에 빈티지 느낌을 낼 때 밑색이 드러나기 때문에 색상 선택을 잘 해야 한다.

4. 다리까지 두 번 칠해준다. 건조는 3시간쯤이 적당하다.

5. 마르면 밀크 페인트를 칠한다. 이번엔 의자 상판만 칠해서 투톤 느낌을 살린다.

6. 완전히 마르면 분무기로 물을 살짝 뿌리고 모서리를 가볍게 사포로 문질러서 빈티지 느낌을 연출한다.

7. 완성. 목재 보호를 위해 스테인과 바니시를 칠해주면 좋다.

※사용한 제품은 모두 던에드워드

TECHNIC 7
반광 페인트로 컬러풀한 도어 대변신!

아파트 리모델링을 할 때 필수항목 중 하나가 낡아서 너덜너덜해진 문 교체하기다. 하지만 개당 20만 원 이상씩 하는 교체 비용도 부담스럽고(각 방과 화장실, 베란다 문 수를 모두 헤아려 보시라!) 시트지로 밋밋하게 붙여 마감한 문짝 스타일도 참 개성 없다. 비용도 줄이고 개성도 살릴 겸 온 가족이 문 칠하기에 나서보면 어떨까? 취향에 맞춰 색을 정하되, 윤기가 적당한 반광 페인트로 톤을 통일하면 좋다.

1. 반광 페인트, 초벌용 페인트, 붓, 롤러, 사포, 분무기, 커버링 테이프를 준비한다.

2. 먼저 커버링 테이프로 문고리를 꼼꼼히 감싼다.

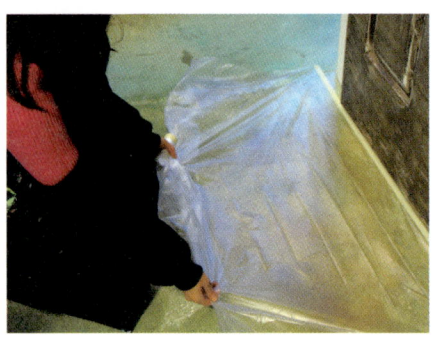

3. 페인트가 튀기 쉬운 바닥에도 커버링 테이프를 붙여준다.

4. 초벌용 페인트를 문 전체에 칠한다.

CHECK! 초벌용 페인트를 칠하면 페인트의 밀착력이 높아진다.

5. 4~6시간 건조 후 물을 뿌리고 가볍게 사포질한다.

CHECK! 페인트칠 사이사이에 사포질을 하면 페인트가 훨씬 매끄럽게 발린다. 사포질을 할 때는 먼지가 나지 않도록 꼭 분무기로 물을 뿌리면서 작업한다.

6. 반광 페인트를 칠한다. 붓으로 좁은 틈부터 칠하기 시작한다. 초보인 경우 문 뒷면부터 칠하면서 감각을 익히는 것이 좋다.

7. 넓은 부분은 롤러로 칠한다. 다 칠하면 3~4시간 건조 후 다시 한 번 칠해 마무리한다.

8. 완성

Tip 페인트 양 계산하기 (2회 칠 기준)
1리터 : 방문 두 개 양면 칠하기 가능
1리터 : 약 12평방미터(2.5~3.5평)
1갤런(3.75리터) : 33~40평방미터(10~12평)

※사용한 제품은 모두 던에드워드

TECHNIC 8
우드 스테인으로 아이 의자 꾸미기

목재용 제품인 우드 스테인은 스펀지나 폼 브러시 같은 간단한 도구로도 바를 수 있다. 아이들과 함께 하면 색다른 경험이 될 것이다. 나뭇 결을 가리지 않으면서 자연스러운 색이 나타나는 것이 우드 스테인의 특징. 평범한 원목 의자에 약간의 센스만 발휘한다면 당장이라도 뛰어가 앉고 싶은 의자로 만들 수 있다.

CHECK! 목재 표면이 거칠다면 물티슈나 분무기로 살짝 적신 후 건조시켜보자.

1. 페인트가 튀기 쉬운 곳에 커버링 테이프를 붙여준다.

2. 스펀지를 이용해 나뭇결 방향으로 얇게 펴 바르듯이 칠한다.

3. 세밀한 부분은 폼 브러시를 이용하자. 구석구석 꼼꼼히 바를 수 있다.

4. 다른 면도 취향에 따라 다양한 색으로 칠해보자.

5. 페인팅 후 고운 사포로 밀어 매끈하게 다듬는다.

6. 짙은 색을 원한다면 한 번 더 칠해준다. 첫 페인팅 후 최소 8시간 건조시킨 다음 바르는 것이 좋다.

7. 완성

※사용한 제품은 모두 아우로

PART 2

표정이 살아있는 벽 만들기

단순히 벽에 색을 칠하는 것이 아니라 두드리거나 문지르기도 하고 브러시 자국을 일부러 남기거나 울퉁불퉁한 질감을 만들어서 색다른 분위기를 내는 것을 장식 페인팅 decorative painting 또는 포피니시 페인팅 faux finish painting 이라고 한다. 유럽의 장식 페인팅은 매우 오랜 역사를 자랑하며 지금도 전문 예술가들이 활발한 활동을 펼치고 있다. 이번 장에서는 초보자용부터 고난이도 기법까지 집에서 활용할 수 있는 장식 페인팅 기법들을 소개한다. 우리 집 벽에 남다른 표정을 입히고 싶다면 참고해보자.

TECHNIC 9
브러시로 칠하기

평면의 벽이지만 롤러를 사용하지 않고 브러시만으로 칠해 독특한 분위기를 낸다. 대형 브러시로 빠르게 쓱쓱 발라보자. 브러시 자국과 얼룩이 오히려 멋스럽게 보일 것이다. 완성 후에도 입체감이 살아 있어 오래 봐도 질리지 않는다.

1. 먼저, 초벌용 페인트를 바른다. 초벌용 페인트를 바르면 벽지나 나무판에도 페인트를 매끄럽게 펴 바를 수 있다.

2. 대형 브러시에 페인트를 듬뿍 묻혀 거침없이 바르기 시작한다.

3. 처음에는 골고루 발리지 않으므로 넓게 펴주듯이 벽의 결과 반대 방향으로 쓸어내린다.

Tip

용도에 따른 붓 선택
1~2인치 붓 : 가구, 소품, 방문, 모서리
2.5~3인치 붓 : 대형 가구, 벽면
평붓 : 벽 같은 평면에 주로 사용
앵글 붓 : 모서리나 둥근 면에 주로 사용

4. 브러시를 움직일 때마다 생기는 질감의 변화를 의식하면서 사선 방향으로 빠르게 칠한다.

5. 페인트가 완전히 마르면 다시 한 번 칠한다.

6. 빛을 비추면 브러시가 남긴 자국에 따라 뚜렷한 농담 차이가 나타나며 페인트를 칠한 사람의 개성도 함께 드러난다.

TECHNIC 10
스펀지나 천으로 문지르기

천이나 아트 스펀지, 신문지를 이용해 마치 유화 캔버스처럼 질감 있는 무늬를 만들어내는 기법이다. 배경색과 그 위에 덧바를 색을 자유롭게 고를 수 있으며, 문지르는 재료에 따라서 질감 표현이 달라진다. 페인트가 마르기 전에 문질러 무늬를 만들어야 하기 때문에 덧바를 페인트는 건조지연제가 들어간 제품을 고르면 더 편리하다.

1. 바탕색이 될 페인트를 두 번 칠하고 그 위에 무늬를 넣을 다른 색상의 페인트 제품을 덧바른다.

2. 천을 둘둘 말아 쥐어 자연스럽게 주름을 잡는다.

3. 페인트를 한 번 더 덧바른다. 바탕색보다 짙은 색을 바르는 것이 농담 효과에 좋다.

4. 페인트가 마르기 전에 천으로 문질러서 무늬를 낸다.

5. 페인트가 빨리 마르기 때문에 두 명이 작업하면 좋다. 한 명은 브러시로 칠하고 한 명은 천으로 문지르자.

6. 완성. 마치 유화 캔버스에 바른 것처럼 얼룩진 무늬가 특징이다.

※사용한 제품은 포터스 프렌치 워시 페인트와 모슬린 천

TECHNIC 11
두드리며 무늬 만들기

고급스러운 새틴 원단이나 펄 원단처럼 아름답고 자연스러운 광택을 표현하는 기법이다. 광택이 있는 페인트와 못 입는 면 티셔츠만 있다면, 어느 공간이든 우아하게 꾸밀 수 있다. 조개 껍데기 분말같은 독특한 광택제가 들어간 페인트를 선택해 무작위로 무늬를 만들면 더욱 고급스럽게 느껴진다.

1. 초벌용 페인트를 바른 다음 배경색이 될 페인트를 칠한다.

2. 처음 바른 페인트가 마르면 같은 색을 다시 한 번 칠한다.

3. 페인트가 완전히 마르면 이번에는 무늬를 넣을 다른 페인트를 두 번 바른다. 배경색이 비치기 쉬우므로 같은 계통의 색상을 선택하는 것이 좋다.

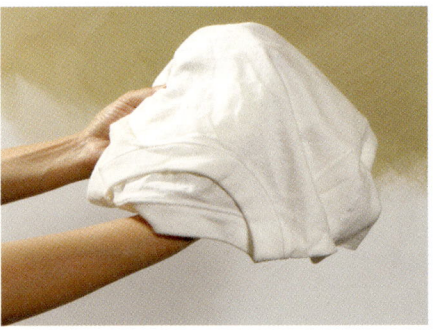

4. 준비했던 면 티셔츠를 두드리기 좋게 둥글게 말아 쥔다.

5. 마지막 페인트가 마르기 전에 티셔츠로 표면을 두드려서 무늬를 만든다. 십자 무늬로 반복해서 두드리거나 무작위로 두드리면 된다.

6. 세상에 단 하나뿐인 무늬가 완성되었다. 기성품에서는 찾아볼 수 없는 우아한 벽!

※사용한 제품은 포터스 더치스 새틴 페인트

TECHNIC 12
스톤 페인트 칠하기

스톤 페인트는 석영과 대리석 가루가 들어 있어 쓱쓱 바르기만 해도 표면이 돌처럼 까슬해져 페인트 자체만으로도 강한 개성이 묻어난다. 회반죽과 비슷한 분위기를 내는 색상도 있다. 조명을 비추면 음영이 살아나 입체감이 더욱 돋보인다. 특별한 기법 없이 초보자도 손쉽게 바를 수 있기 때문에 셀프 페인팅을 즐기는 사람들에게 큰 인기를 끌고 있다.

1. 초벌용 페인트를 바르고 충분히 마르면 스톤 페인트를 바른다.

2. 페인트가 많이 묻은 부분과 적게 묻은 부분 사이에 자연스럽게 음영이 생긴다.

3. 브러시를 거침없이 움직일수록 표현이 자연스러워진다. 이때 공기가 들어가지 않도록 주의해야 한다.

Tip

스톤 페인트는 시간이 지나면 돌 입자가 가라앉기 때문에 페인트를 종종 저어주면서 작업하자.

4. 페인트가 완전히 마르면 다시 한 번 덧칠한다. 기상 조건에 따라 차이가 나지만 보통 한두 시간 지나면 마른다.

5. 완성. 벽을 바라보는 각도나 조명에 따라 다른 느낌이 난다.

벽을 가까이 들여다보면 표면이 돌처럼 까칠까칠한 것을 알 수 있다. 직접 만져 질감을 느껴보자.

PAINT COLUMN

인테리어 페인트 이해하기

페인트 종류와 고르는 법

페인트는 유성 페인트와 수성 페인트 등 다양한 종류가 있다. 약 10년 전까지만 해도 시너나 래커 같은 용제를 넣어 희석해서 쓸 수 있는 유성 페인트가 대부분이었지만 지금은 물로 간단히 희석할 수 있고 냄새도 독하지 않은 수용성 페인트가 다양하게 생산, 판매되고 있다.

용도에 따라서는 크게 외장용(익스테리어) 페인트와 내장용(인테리어) 페인트로 나눈다. 좀 더 세분하면 목재용, 금속용, 콘크리트용, 욕실용, 내벽용, 함석용 등 칠하는 공간과 소재에 적합한 전용 페인트가 있다. 열을 잘 견디는 내열 페인트나 베란다 등에 꼭 필요한 곰팡이 방지, 녹 방지, 방수 등 특수 기능이 있는 페인트까지 합치면 그 종류가 셀 수 없이 많다.

페인트 용기에는 이 같은 용도나 칠하는 횟수, 도포 면적 등이 기본 정보로 표시돼 있으므로(온라인 쇼핑을 할 때도 꼭 확인 할 것) 내용을 잘 살펴보고 구입하도록 하자. 특히 실내에 바를 때는 천연 또는 친환경 페인트인지, 무독·무취 제품인지 등을 꼼꼼히 따져서 구입하는 것이 매우 중요하다.

천연 페인트 vs 친환경 페인트

천연 페인트는 식물에서 추출한 100퍼센트 천연 원료로만 만들어 인체에 전혀 해가 없고 환경에도 피해를 주지 않는 제품을 말한다. 식물 고유의 좋은 향기가 나고 항균, 항취 기능이 있으며 수명이 긴 점이 장점이나 원료가 귀해 제품 가격이 비싸고 색 종류도 많지 않다. 그래서 주로 목재에 묻히듯이 발라 결을 살리는 내추럴한 제품들이 인기를 얻고 있다. 그 외 대부분의 인테리어 페인트는 '친환경'을 표방한다. 친환경이란 대기오염 저감 및 실내 공기오염 저감을 위해 인체 유해 물질을 기준치 이하로 제한한 제품에게 붙여주는 일종의 인증 마크다. 국내에서는 환경표지인증이나, HB 마크 등을 부여해 친환경 제품을 구분하고 있다. 이전엔 국산 제품은 수입 제품보다 좋지 않다는 인식이 있었으나 최근 출시된 국내 제품들은 친환경성이나 작업성이 수입 제품보다 좋아지고, 다양한 기능성까지 부여한 제품들이 출시되고 있어 국내 소비자들의 선택의 폭이 넓어졌다.

요즘 실내에서 발생되는 유해 물질로 인해 새집증후군, 아토피 피부염, 천식 등을 앓고 있는 가정이 많다. 페인트 제품은 꼭 인테리어용으로 나온 천연 페인트나 친환경 페인트를 구입해 사용하자.

용도에 따른 페인트 광도

집에 있는 가구와 같은 색으로 벽을 칠하고 싶거나 원하는 색으로 바꾸고 싶어도 시판용 페인트 중에서 똑같은 색을 찾기란 쉽지 않다. 집안을 페인트로 칠하는 일이 일상이 된 유럽과 미국에서는 대형 할인마트나 슈퍼마켓에 설치된 페인트 조색기로 누구나 원하는 색상을 만들어낼 수 있지만 국내에서는 아직까지 조색기를 갖춘 곳이 페인트 전문점밖에 없다.

벽에 칠할 페인트는 보통 인테리어 수성 페인트 중에서 고르면 된다. 전문점에 가면 실크벽지 위에 바를 수 있는 페인트도 추천해주며, 실내에 어울릴 만한 다양한 색상의 페인트를 구경할 수 있다. 한편 인테리어 페인트는 색상과 용도뿐 아니라 광택의 정도도 다양하게 선택할 수 있다. 종류별 특징을 잘 살펴보고 용도와 취향에 맞는 페인트를 선택하도록 하자.

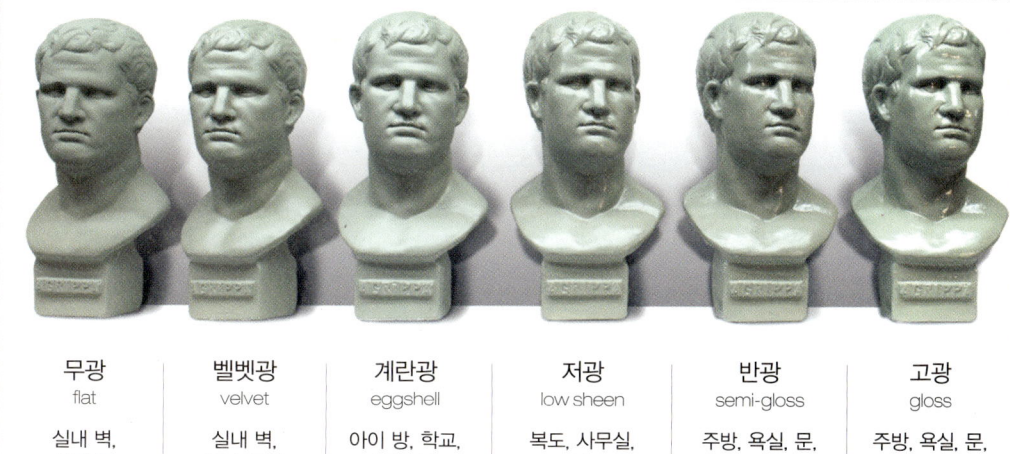

무광 flat	벨벳광 velvet	계란광 eggshell	저광 low sheen	반광 semi-gloss	고광 gloss
실내 벽, 천장 등	실내 벽, 아이 방 등	아이 방, 학교, 병원 등	복도, 사무실, 교실 등	주방, 욕실, 문, 창틀 등	주방, 욕실, 문, 트림 등

무광 페인트
광택이 전혀 없어 묵직하고 차분한 느낌을 준다. 물걸레로 닦지 못하므로 주로 천장처럼 때가 잘 타지 않는 곳에 사용한다. 빛 반사가 적어 간접조명이 아름답게 보이는 효과가 있다.

계란광 페인트
달걀 껍데기처럼 은은하게 빛이 나는 저광택 페인트다. 때가 잘 타지 않으며 물걸레로 닦을 수 있어서 관리하기 편하다. 손쉽게 바를 수 있고 균열도 잘 생기지 않아 초보 페인터들에게 좋다.

반광 페인트
광택이 어느 정도 있으며 얼룩이 잘 생기지 않아서 때가 타기 쉬운 장소에 많이 사용한다. 벽에 생기는 미세한 균열을 막고 빗물 침투와 누수를 방지해 실내 벽 외에도 가구나 문, 창틀 등에 다양하게 사용할 수 있다.

고광택 페인트
광택이 가장 좋은 페인트로, 벽 전체를 칠하기보다는 포인트를 주고 싶은 부분에만 칠하는 게 좋다. 표면이 반질반질해서 주방이나 아이 방, 현관문 등 때가 잘 타는 곳에 많이 사용한다.

CHAPTER 06

PAINT and TOOL CATALOG

정보도 실력, | 아는 만큼 누린다!

'페인트 종류는 어떤 게 있나요?' '롤러가 나아요, 브러시가 나아요?' '인테리어 페인트 구경할 수 있는 곳은 없나요?' 인터넷 공간에서 자주 접할 수 있는 질문들이다. 처음 페인팅을 시작한다면 궁금한 것 투성인 것은 당연지사. 이 챕터에 그 모든 해답이 있다.

PAINT

에디터 추천
'품질 짱, 인기 짱' 페인트

'이렇게나 종류가 많아?' 하겠지만 페인트도 다 같은 페인트가 아니다. 다양한 브랜드 제품들 가운데 우리 몸과 환경에 무해하고 사용감도 좋은 최고 제품들만 엄선했다. 이 중 하나만 있으면 금방이라도 즐거운 작업을 시작할 수 있다.

자연N 벽지용

튀거나 흐르지 않아 초보자도 쉽게 사용할 수 있는 벽지 전용 페인트. 발색이나 보완력이 우수한 친환경 페인트로 셀프 인테리어용으로 적합하다. 미광이며 베스트 12색 중 선택할 수 있다. 1L 기준 13,000원.

자연N 젯소

벽, 목재, 철재 등 페인트가 발리는 면의 프라이머 역할을 하는 제품으로, 페인트의 접착력과 발색력 등을 좋게 한다. 사포질하기 힘든 넓은 면이나 기존 페인트가 발려 있는 면 위에 젯소를 바른 후 페인트칠을 하면 된다. 250ml 기준 5,300원.

베어 페인트 무광

베어 페인트 무광은 실내 전용으로 벽지, 석고보드, 콘크리트 등 모든 벽면에 사용 가능한 제품이다. 특히 무광택으로 빛 반사가 없기 때문에 실내 천장에 가장 많이 사용된다. 수입 제품으로 68색 중 선택할 수 있다. 1L 기준 23,500원.

자연N 목재용 바니쉬

가구, 책상, 문 등 표면에 사용하는 투명 코팅제. 목재 표면을 코팅해 스크래치, 변색, 곰팡이, 생활 때 등으로 목재가 상하는 것을 방지하는 역할을 한다. 친환경 제품으로 유해 성분이 들어있지 않고, 냄새가 없어 작업이 편하다. 무광, 반광 두 가지 중 선택이 가능하다. 300ml 기준 5,500원.

자연N 이지클린

오염물이 잘 지워지는 기능성을 갖춘 친환경 페인트로, 페인트 위에 오염물이 묻거나 아이들이 수성펜으로 낙서를 했을 경우 물걸레질만으로도 더러움을 제거 할 수 있다. 아이 방 또는 베란다 같은 오염되기 쉬운 곳에 추천하는 제품으로 인기 110색 중에서 색상 선택이 가능하다. 1L 기준 19,300원.

크라운 피어리드 계란광

영국 수입 수성 친환경 페인트 크라운은 도포력 및 내구성이 우수해서 영국 가정주부들이 가장 선호하는 브랜드로 꼽힌다. 그중 계란광은 목재와 금속 등 다용도로 사용 가능해 방문, 가구 리폼 등에 추천하는 제품이다. 750ml 기준 23,000원.

자연N 어디나

철재, 목재, 벽면, 시트지 등 어디든 칠할 수 있는 리폼용 다용도 페인트이다. 초보 페인팅 입문 시 가장 많이 선택하는 방문, 몰딩 등에 칠하기 좋은 페인트로 인기가 많다. 다양한 소재에 칠할 수 있어서 한 통 사놓으면 활용도가 높아 추천하는 페인트이다. 일반품 15색 중 선택이 가능하다. 250ml 기준 5,100원.

올드빌리지 버터밀크 페인트

실내외 가구나 소품, 내벽 페인팅에 사용되는 올드빌리지 버터밀크 페인트는 자연성분을 베이스로 한 수성 페인트이다. 크림처럼 부드러운 접촉감과 22가지의 빈티지 색이 특징이다. 59ml부터 4L까지 다양하게 구매할 수 있다. 500ml 기준 20,000원.

자연N 우드스테인

원목 전용 스테인으로, 발색이 우수하고 방균, 방충, 방부 기능과 목재의 뒤틀림과 균열을 방지하는 기능이 있다. 무광이며 16색상, 300ml, 500ml, 1L 소용량으로 출시되어 필요한 만큼 사용 가능하다. 300ml 기준 5,300원.

마그나 매직 칠판 페인트

칠판 페인트로 가장 많이 사용되는 제품이다. 칠한 면이 칠판처럼 광택이 없게 표현되어 분필로 쓰고 지우기가 가능하다. 17색 중 선택 가능하며, 하도로 자석 페인트를 칠하고 상도로 칠판 페인트를 칠해주면 자석 칠판 페인트로도 이용이 가능하다. 500ml 기준 15,300원.

제너레이션아트 데코 페인트

랜드, 펄, 베네치안, 화이버, 다마스크, 칼라하리, 키메라, 아퀼레지아, 스킨 총 9가지 종류로 출시된 이탈리아 수입 아트 페인트이다. 모래, 메탈릭, 펄, 대리석 등 다양한 질감과 무늬를 연출할 수 있는 스페셜 페인트로 포인트 인테리어나 상업시설 인테리어용으로 많이 사용된다.
1L 기준 1만 원대부터.

TOOL

이럴 때 이런 도구가 좋다!

'페인트만 있으면 뭐하나? 연장이 있어야지.' 무슨 일을 처음 시작하려고 할 때 연장만 고르다가 지치는 경우가 있다. 처음부터 완벽한 도구들로 세팅하려고 무리할 필요는 없고, 그렇다고 값싼 제품만 찾아도 후회하기 일쑤다. 초보 페인터의 실수를 만회해줄 아이디어 제품들도 있으니, 이 정도는 꼭 기억해두자!

페인트 도구 세트

어떤 도구를 구매해야 할지
첫 단계부터 막막한 초보들을 위한 세트 상품.
페인팅 시 꼭 필요한 도구로 구성되어 있어 편리하다.
벽면용, 방문용, 가구용 등 페인팅 용도에 따라
선택 가능한 것이 특징이다.

제품 구성

기본적으로 트레이, 롤러, 붓, 마스킹테이프,
커버링 테이프, 장갑, 오프너, 교반봉 등
사용 용도에 맞는 제품으로 구성되어 있다.

롤러 폴대

롤러 길이를 연장하기 위한 연장봉. 천장이나 넓은 면 등 손이 닿지 않는 곳을 칠할 때 매우 편리하다. 3단으로 구성되어 있고, 최대 102cm까지 원하는 길이로 조립할 수 있다. 7,200원.

수동 샌더기

사포를 끼워 사용할 수 있는 수동 사포대. 사포를 넓게 사용할 수 있어 편리하고, 마찰열로 인한 부상을 방지할 수 있다. 7,000원.

스펠터 브러시

넓은 면을 한 번에 칠할 수 있도록 제작된 넓은 붓. 아트페인팅 시 주로 사용되며 붓 터치 방향에 따라 빗살, 격자 등 다양한 무늬를 만들 수 있다. 35,000원.

페인트 스터러 (교반봉)

페인트를 손쉽게 교반할 수 있도록 만들어진 휘저음 봉. 중간에 구멍이 나 있어 페인트를 고르게 섞을 수 있으며 플라스틱 재질로 세척이 간편해 재사용할 수 있다. 3,500원.

석조 크랙 보수제

실내외 벽면의 크랙과 구멍을 보수하는 제품. 석조, 석고, 드라이월, 목재 등의 표면에 적용할 수 있다. 벽면에 금이 있으면 크랙 전용 보수제로 메워준 후 페인트 칠을 해야 매끈한 벽을 완성할 수 있다. 8oz 6,000원.

우드 필러

목재 표면의 균열을 보수하는 제품으로 갈라지거나 파인 부분, 구멍 난 부분을 메워주는 제품이다. 마른 후 사포질, 페인팅이 가능하다. 친환경 수성 제품이며 튜브형이라 사용이 간편하다. 3.5oz 8,500원.

브러시 마스터 페인트 패드

브러시와 롤러의 장점을 합쳐 제작한 패드로 페인팅 초보자들도 쉽게 사용할 수 있다. 페인트를 균일하고 깔끔하게 바를 수 있으며, 패드 부분만 세척과 교환을 할 수 있는 것이 특징이다. 10,900원.

건축도장기능사 실기시험키트

국가공인 자격증인 건축도장기능사 시험 응시생을 위한 실기시험 도구 세트. 시험에 꼭 필요한 도구 20여종을 모아서 판매한다. 인터넷 쇼핑몰 『홈아이브』에서만 판매되며, 조광페인트 도료교육센터 교육 수강 시 현장에서 수령 가능하다. 70,000원.

PAINT STORE GUIDE

대표 페인트 숍 구경 가기

백문이 불여일견! 더군다나 초보자라면 온라인보다는 오프라인에서 건질 수 있는 참 정보가 더 많다. 여기, 인기 페인트 브랜드들이 운영하고 있는 대표 오프라인 숍에 찾아가보자. 종류도 색상도 다양한 페인트 제품들을 직접 보고 조색하는 과정을 체험해볼 수 있으며, 페인트로 할 수 있는 다양한 리폼 상담도 가능하다.

지성케미칼

친환경 전문 페인트 매장으로 조광페인트, KCC, 노루 등의 국내산 페인트와 수입 데코레이션 페인트인 제너레이션아트 등 다양한 제품과 도구를 합리적인 가격에 판매하고 있다. 25년 이상 경력의 노하우를 갖춘 전문가가 상주해 있어 높은 수준의 구매 및 시공 상담이 가능한 것이 특징이다. 또한, DIY 전용 소용량 페인트인 홈아이브 제품을 취급하고 있으니, 알뜰한 초보 리포머들은 주목할 것.

주소 　경기도 화성시 새강3길 33 (반송동, 동탄신도시)
운영시간 　평일 08:30~18:00, 토요일 8:30~16:00 (일요일, 공휴일 휴무)
문의 　031-378-7724

아신케미텍

큰 규모의 종합 페인트 매장으로 다양한 종류의 국산 페인트와, 수입 페인트를 취급하고 있다. 방문 시 전문 상담은 물론, 즉석에서 원하는 제품을 구매하고 조색해가는 모든 서비스와 도장 및 방수공사 등의 시공까지 가능한 것이 특징이다. 또한, 매장이 위치한 건축자재 유통단지 내에는 다양한 조명, 가구, 인테리어 매장이 입점해 있어 구경하는 재미가 있으니 꼭 방문해볼 것!.

주소　　　부산광역시 강서구 유통단지 1로 76
　　　　　(대저2동 부산건축 자재유통단지 4동 101호)
운영시간　평일 08:00~18:00, 토요일~14:00.
　　　　　(공휴일 영업, 일요일 휴무)
문의　　　051-941-0477, 010-40195-1557

이나 아빠의 시크릿 가든 (천일피앤씨)

친환경 프리미엄 페인트 전문 매장으로, 국산 페인트와 수입 페인트를 취급한다. 제품 구매 및 시공 상담이 가능하며, 일반 매장과 다르게 2층에 카페를 운영하고 있는 것이 특징이다. 2층 카페는 친목 쉼터로 차 한잔과 함께 이웃과 공감하고 소통할 수 있는 것은 물론, 페인팅 관련 팁을 얻을 수 있는 강좌까지 진행하고 있으니 참고할 것!

주소   인천 남구 인주대로 302-1, 2층
운영시간 평일 09:00~21:00 (주말 격주 오픈)
문의   032-867-1001, 010-5399-3336

더페인트샵 (던-에드워드 일산 매장)

친환경 페인트를 향한 100년의 열정! 던-에드워드 페인트는 세계 최초 100% EG-FREE(유독성 경화제 프리) 무독성 페인트로 아토피 및 호흡기 질환 환자들도 안심하고 사용할 수 있는 최고급 페인트 브랜드다. 300여 가지 컬러로 조색할 수 있어 색상 선택의 폭이 넓은 것이 특징이다. 일산 매장은 던-에드워드 외 다양한 국내외 페인트를 취급하며, 조광페인트의 DIY전용 소용량 페인트 홈아이브를 판매하는 경기도 최대 규모의 페인트 매장이다. 매월 DIY 기초페인팅 교육(유료)을 진행하고 있으므로 페인트를 처음 접하는 사람들은 참고할 것.

주소	경기도 고양시 일산서구 일산로 731 화인프라자 1층
운영시간	평일 07:30~19:30, 토요일 08:00~17:00, 일요일/공휴일 10:00~17:00
문의	031-914-7787, 010-9263-2208
홈페이지	www.thepaintshop.co.kr

기타 페인트 전문 온라인 쇼핑몰

홈아이브 www.homeive.com

조광페인트와 제너레이션아트 공식 쇼핑몰로 DIY용으로 좋은 각종 소용량 페인트와 수입 페인트를 선택해서 저렴한 가격에 판매하고 있다. 페인트 외 도구, 소품, 조명 등 다양한 물품을 구매할 수 있고, 수시로 진행하는 특가 세일을 활용하면 알뜰한 쇼핑이 가능하다. 매월 DIY스쿨을 운영하고 있으니 초보 리포머들은 공지를 확인할 것.

더페인트샵 www.thepaintshop.co.kr

친환경 페인트 전문 쇼핑몰이다. 친환경 페인트 쇼핑몰답게 던-에드워드 제품 이외 본덱스, 듀럭스, 노루페인트, 제비스코 등 국내외 모든 페인트를 취급하고 있어 선택의 폭이 넓다.
DIY 페인팅에 필요한 부자재 및 문손잡이, 데코페인트(야광, 칠판, 자석페인트)도 구매가 가능하다. 1년 365일 항시 오픈 하는 오프라인 매장도 함께 운영하고 있어 직접 보고 구매 가능하며, 오프라인 매장 방문 시 페인트 조색 서비스도 가능하다.

베키아 www.paintbox.kr

베어 페인트 공식 수입 쇼핑몰이다. 그 외에도 다양한 친환경 페인트와 데커레이션 페인트 제품을 판매한다. 페인팅 기법도 자세하게 소개하고 있어 초보자들이 참고하기 좋다.

페인트인포 www.paintinfo.co.kr

페인트, 철물, 소품 등 다양한 DIY 용품을 판매하는 온라인 쇼핑몰이다. 다양한 참여 이벤트와 쿠폰 행사를 진행하고 있다.

작은집닷컴 www.jakeunjip.com

셀프 인테리어 전용 쇼핑몰으로 깔끔하게 정리된 쇼핑몰 화면이 특징이다. 페인트, 철물, 도구 등을 판매하고 있어 편리한 쇼핑이 가능하다.

DIY SHOPPING & INFO

페인팅 마니아들의 즐겨찾기

페인팅에 재미가 붙으면 뭐든 칠하고 싶어진다. '어디 칠하기 좋은 원목 소품 파는 곳 없나?' 낡은 서랍장을 예쁘게 칠했더니 이번엔 손잡이도 요즘 유행하는 주물 제품으로 바꾸고 싶다. '제일 멋진 인테리어 부자재들만 모아놓은 숍은?' 그렇게 하나둘 모으다가 정말 버리기 아까운 즐겨찾기 목록만 남겼다!

문고리닷컴 www.moongori.com

인테리어 DIY 및 리폼에 필요한 모든 제품과 정보를 만날 수 있는 대표 사이트. 리폼 가이드는 물론이고 페인트 관련 제품을 다양하게 소개하고 있으며, '리폼 달인'들의 팁 등 유용한 정보가 많다.

손잡이닷컴 www.sonjabee.com

DIY 종합 쇼핑몰이다. 페인트 관련 제품뿐 아니라 인테리어 소품들에도 주력하고 있다. 아기자기하고 예쁜 벽지들과 가구들의 정보를 얻을 수 있으며, DIY에 필요한 제품은 모두 있다.

손잡이나라 www.sjbnara.com

홈 리폼 전문 쇼핑몰을 표방한다. 친환경 페인트를 비롯해 DIY 반제품 가구 및 인테리어 소품도 판매한다. 직접 보고 구매할 수 있는 오프라인 매장도 함께 운영하고 있다. 예약 방문시 페인트 조색 서비스도 가능.

© 리버그린   © 손잡이닷컴

© 윈도우앤

이케아(아이컴퍼니) www.icompany.tv

스웨덴 가구 브랜드인 이케아는 실용적이고 군더더기 없는 디자인에 합리적인 가격의 조립식 가구를 선보이는 곳이다. 가구와 소품, 어린이 용품과 액세서리까지 다양한 아이템을 갖추고 있고 홈 인테리어에 응용할 부자재도 많아 DIY 마니아들에게 특히 사랑받고 있다. 국내에 수입 대행회사가 많지만 그중 아이컴퍼니는 국내 최대 규모의 대형 오프라인 매장도 두고 있다.

DIY 정글 www.diyjungle.com

DIY 전문 쇼핑몰로, 리폼에 관한 다양한 콘텐츠를 제공해 초보자도 쉽게 도전할 수 있도록 돕는다. 같은 제품이라도 초보자들이 손쉽게 조립, 가공할 수 있도록 조립 단계를 최소화시키는 것이 운영 원칙.

데코룸 www.decoroom.kr

오랜 공방 운영의 내공을 품고 시작해 드라이버 하나만 있으면 누구나 쉽게 가구를 완성 또는 리폼할 수 있다는 모토를 실현하고 있다. 타사 반제품 가구들에 비해 재단 면을 많이 사포질해서 발송하므로 밀폐된 공간에서 리폼하기에도 부담이 없다.

the DIY www.thediy.co.kr

자연스러움을 강조한 수제 가구를 선보이고 있다. 까다롭게 선정한 자재들로만 만들며, 단골 회원제를 도입하고 있다. DIY 아카데미 무료교육도 실행한다.

리버그린 www.river-green.co.kr

페인팅해 바로 조립하면 되는 반제품 가구들뿐 아니라 리빙 데코와 소품도 함께 판매한다. 리폼 작가들의 갤러리도 있어 아이디어를 구할 때 참고하면 좋다.

나무 위에 고양이 www.diymiao.co.kr

어느 쇼핑몰에서나 볼 수 있는 비슷비슷한 카피 가구가 아닌 자체 디자인으로 차별화된 개성, 내구성과 퀄리티를 자랑한다. 맞춤 가구 제작도 가능하다.

바우앤홈 www.bauenhome.com

유럽형 하드웨어와 친환경 목자재로 자체 디자인한 반제품 가구를 생산한다. 고객이 쉽게 조립할 수 있도록 다양한 매뉴얼을 제공하는 것도 강점.

아이베란다 www.iveranda.com

DIY 베란다 용품과 가구를 제작 판매한다. 이와 관련한 친환경 페인트와 철물 장식, 공구들도 함께 구매할 수 있다.

천싸요 www.1004yo.com

DIY의 범위는 패브릭 원단을 구입해 인테리어용으로 직접 제작, 응용하는 단계까지 아주 다양하게 뻗어 있다. 천싸요에서는 의류용 원단뿐 아니라 각종 홈패션에 적합한 고급 원단을 제작, 판매한다. 유통 단계를 따로 거치지 않고 온라인상에서 저렴한 가격에 공급하므로 원단 리폼에 도전할 사람은 꼭 방문해보시길.

윈도우앤스타일 www.windownstyle.com

계절마다 커튼과 블라인드 제품만 바꿔도 집안 분위기가 확 달라진다. 윈도우앤스타일에서는 트렌드에 맞춘 창문 인테리어 스타일을 선보이고 있다. 커튼과 블라인드뿐 아니라 패브릭 소재의 다양한 소품까지 판매하고 있으니 둘러보자. 온라인 숍과 오프라인 매장을 함께 두고 있어 더 합리적인 선택을 할 수 있다.

레몬테라스 cafe.naver.com/remonterrace

200만 회원을 자랑하는 여성 생활정보 카페. 인테리어, 리폼과 관련한 정보들도 단연 국내 최강을 자랑한다. 던에드워드에서 이곳 카페의 인기 색상을 골라 일명 '레떼 페인트'를 개발했을 정도. 회원들의 리폼 후기도 자세히 담겨 있어 참고하면 좋다.

프로방스집꾸미기 cafe.daum.net/decorplaza

다음의 대표 집 꾸미기 카페로 50만 회원을 거느리고 있다. 리빙데코, 인테리어 관련 정보들을 다양한 메뉴로 찾아보기 쉽게 정렬해 놓았으며 자작 페인팅 관련 포스팅도 많은 편이다. 분야별 리빙 작가를 두고 있어 팁이 될 정보도 많다.

© 아이베란다
© 손잡이나라
© DIY 정글 
© 데코룸

PAINTING TERMS

알아두면 좋은 페인팅 관련 용어

페인트 종류와 작업 도구, 관련 용품의 이름까지 페인트 DIY와 관련해 어디서나 쉽게 접할 수 있는 용어들을 정리한다. 초보 페인터들을 위한 필수 용어 사전!

젯소 페인트 작업 전, 페인트가 잘 스며들 수 있도록 먼저 바르는 초벌용 페인트를 말한다. 브랜드에 따라 프라이머, 실러 등 제품명으로 부르기도 한다.

바니시 페인팅 후에 바르는 마감용 페인트다. 일반적으로는 수성 바니시를 많이 사용하며, 니스와 비슷한 역할을 하는 유성 바니시도 있다. 칠하고자 하는 표면에 얇은 막을 형성해 표면을 보호한다.

왁스 바니시와 비슷한 마감용 페인트이지만 표면을 완전히 코팅하지는 않아 목재가 숨 쉬게 해주며, 광을 내는 효과도 있다.

글레이즈 마감제의 한 종류로, 주로 컬러나 패턴 표현, 질감을 살리기 위해 사용한다.

스테인 목재의 나뭇결을 가리지 않는 내추럴한 페인팅 재료로, 주로 원목가구에 사용한다. 방습 기능이 있으나 왁스나 바니시로 한 번 더 마감하는 것이 좋다.

밀크 페인트 부분적으로 낡아 보이는 빈티지 효과를 내기에 적합한 특수 페인트다. 우유처럼 부드럽게 발리고 사포질도 쉬워 페인팅 후 가공이 쉽다. 한편, 단색 수성 페인트를 물에 희석해 스펀지로 닦아내듯이 바르는 워싱 기법으로도 비슷한 분위기를 낼 수 있으며 이를 '워싱 페인트'라고 부른다.

에나멜 페인트 유성 페인트에 속하는 광택 페인트로 스프레이 래커를 생각하면 쉽다. 특히, 철 구조물에 사용할 경우 하도제(젯소처럼 맨 먼저 바르는 초벌제를 부르는 말)를 튼튼하게 발라야 깔끔한 마무리를 할 수 있다.

핸디코트 / 퍼티	벽면의 갈라짐이나 석고보드, 벽제 마감 재료로 쓰이는 '대용량 메꿈이'라고 생각하면 된다. 재질이 부드러워 헤라(페인트 주걱)를 사용해 다양한 패턴 연출도 가능하다.
칠판 페인트	벽이나 널빤지에 칠하기만 하면 낙서할 수 있는 페인트다. 데커레이션 페인트로 아이가 있는 집에서 사용하면 좋다.
크랙 페인트	저절로 갈라지며 독특한 무늬를 만들어내는 특수 페인트다.
메탈 페인트	산화제를 이용해 부식 효과를 낼 수 있는 페인트로, 시간이 지나면서 자연스럽게 녹이 발생한다. 이 페인트를 사용할 땐 산화 과정을 촉진하는 에이징 제품을 함께 사용해야 한다.
브러시	페인팅에 필요한 가장 기본적인 도구다. 주로 1.5~2.5인치 붓을 사용하며, 섬세한 작업을 위해서는 붓털을 사선으로 자른 앵글 붓이 좋다.
롤러	페인트를 벽에 바를 때 사용하는 도구로 사이즈와 프레임 형태가 다양하다. 넓은 면적을 균일하게 칠하고 싶을 때 편리하게 사용할 수 있다. 천장 같이 손이 잘 닿지 않는 곳에 사용할 때는 2단 폴대를 끼워 연장해서 쓰면 된다. 또한 롤러가 흡수하는 페인트 양을 조절하기 위해 망이 있는 트레이도 같이 준비한다.
트레이	페인트를 덜어서 쓰는 통. 우묵한 안쪽에 페인트를 쓸 만큼 붓고, 평평한 부분에 페인트를 펴 바르며 붓이나 롤러에 골고루 묻힌다. 처음부터 비닐을 씌워 사용하면 뒤처리가 깔끔해진다. 시중에서 기본 도구들을 묶은 세트 제품을 다양하게 팔고 있으니 구성된 세트에 포함되어 있는지를 확인한 후 구입하는 것도 좋다.
마스킹 테이프	문틀이나 손잡이에 페인트가 묻지 않도록 미리 감싸서 보호할 수 있는 용품이다. 사실 이것 없이는 페인팅이 불가능하다고 할 수 있을 정도로 중요한 역할을 한다.
커버링 테이프	마스킹 테이프에 비닐이 넓게 덧대어져 있는 제품으로, 가구나 벽면 등 넓은 면적을 덮어줄 때 쓴다.
실링 에디저	굳이 마스킹 테이프나 커버링 테이프를 붙이지 않고도, 모서리를 깔끔하게 칠할 수 있는 도구다. 리필도 가능해 재사용할 수 있다.
조색제	페인트에 넣어 새로운 색상을 만들 수 있는 일종의 색소 같은 제품.

헤라/페인트 주걱 핸디코트로 벽면에 무늬를 만들 때 편하고, 메꿈이를 넓은 면적에 펴 바를 때도 사용하면 좋다. 원래 벽면이나 바닥의 이물질을 긁어낼 때 사용하는 도구로 '페인트 제거 주걱'으로도 부른다.

메꿈이/본드 벽, 나무, 석고보드에 균열이 생긴 곳이나 못 구멍을 메꿔서 손쉽게 보수할 수 있는 용품이다. 빠르게 보수하고 싶은 곳에 간편하게 사용할 수 있다.

아티스트 스펀지 붓 자국 없이 자연스럽게 바르고 싶은 곳에 사용할 수 있는 훌륭한 페인팅 도구다. 어떻게 사용하느냐에 따라 다양한 질감 표현이 가능하며, 사용 후 바로 물로 세척하면 나중에도 사용할 수 있다.

곰팡이 제거제 콘크리트나 페인팅한 부위에 발라 곰팡이가 발생하는 것을 막고 이미 생긴 곰팡이 자국을 제거하는 데 쓴다. 스프레이 용기를 이용해 살포하거나, 페인팅을 하듯 롤러나 큰 붓으로 발라주면 된다.

사포/전동 샌더 페인팅 전과 도중, 마감하는 과정에서 가구나 목재 면을 갈아주는 데 사용한다. 사포는 천과 종이로 된 것이 있으며 숫자가 클수록 입자가 고와 표면이 부드럽게 갈린다. 페인팅 전 목재를 다듬을 때는 비교적 거친 150~200방 제품을 사용하고 페인팅 중간이나 마감 정리를 위해서는 400방 제품이 적당하다. 또한 워싱이나 스테인 작업을 마무리할 때는 600방 이상 제품을 권장한다. 사포는 손에 쉬고 작업할 수도 있지만 전동 샌더에 끼워 사용하면 오래 작업해도 팔이 아프지 않다.

반제품 가구 주로 목재로 된 가구 키트를 말한다. 목재를 부위별로 자르고 다듬어 최종 조립 단계만 남긴 채 판매하는 제품이어서 완제품이 아닌 '반제품'이라고 부른다. 구입해서 페인팅 후 조립만 하면 되기 때문에 페인트 마니아들이 즐겨 사용한다.

나를 닮은 색깔 있는 집 꾸미기
페인트 인테리어 PAINT INTERIOR

초판 1쇄 발행 2013년 2월 25일
초판 4쇄 발행 2017년 9월 25일

지은이 오타 아야코(일본 BBN신사 출판사 편저)
사진 히로이 카즈나리, 스즈키 마유미

펴낸이 박도영
발행처 (주)케이앤피북스
브랜드 소란
등록번호 제300-2011-120호
주소 서울 종로구 자하문로 108 백악빌딩 4층
문의 (02)737-5252
팩스 (02)359-5885
전자우편 soranbook@naver.com

ISBN 978-89-6420-052-0 (13610)

소란은 (주)케이앤피북스의 단행본 브랜드입니다.

페 인 트
PAINT INTERIOR
인 테 리 어

독자를 위한 특별 선물

홈아이브 10% 할인 온라인 쿠폰

- **사용방법**
  회원가입 후 제품 결제 단계에서
  '쿠폰 등록하기' 입력 난에 쿠폰 번호 기재 후 사용

- **사용조건**
  - 전체 결재 금액에서 10% 할인 적용
  - 1만 원 이상 결제 시 사용 가능
  - 1 아이디당 1회 사용 가능
  - 적립금과 중복 사용 가능

사용기한 2017년 10월 31일까지
쿠폰번호 39-FDEA19F03E

사용기한 2017년 11월 1일~2017년 12월 31일까지
쿠폰번호 40-9202948219

사용기한 2018년 1월 1일~2018년 2월 28일까지
쿠폰번호 41-0F1F16DC8D

사용기한 2018년 3월 1일~2018년 4월 30일까지
쿠폰번호 42-7D91A6D00F

사용기한 2018년 5월 1일~2018년 6월 30일까지
쿠폰번호 43-E18B49A78B

사용기한 2018년 7월 1일~2018년 8월 31일까지
쿠폰번호 44-5B70807302